AF509749

FÉVRIER

LIBRAIRIE

DE

THÉOPHILE BELIN

29, Quai Voltaire, PARIS

PARIS

LIBRAIRIE THÉOPHILE BELIN

29, QUAI VOLTAIRE, 29

—

1894

513. **Abrégé** chronologique des grands fiefs de la couronne de France ; avec la chronologie des princes et seigneurs, qui les ont possédés, jusqu'à leurs réunions à la couronne. A Paris, 1759, in-12, veau, dos orné. 5 fr.

Ouvrage qui peut servir de supplément à l'abrégé chronologique de l'histoire de France, par le président Hénault.

514. **Album** contenant environ 119 figures de costumes, modes, études de mœurs, de caricatures et de dessins à l'eau-forte de Pinetti, 1 vol. in-4, demi-chag. grenat avec coins, pl. toile, tr. dor. 40 fr.

Les gravures de costumes et caricatures sont coloriées.

515. **Album Jacquard.** Flore des dessinateurs. Paris, Susse, 1856, in-4, br. 15 fr.

Recueil de 100 planches tirées en couleurs.

516. **Album** lithographique, par A. Desenne, 7 planches sur chine en 1 vol. in-4, demi-rel. 5 fr.

4 figures sont pour les œuvres de Châteaubriand.

517. **Album Marcelin.** Premiers dessins, 1868, in-4, demi-chag. vert, tête jasp., éb. 10 fr.

518. **Alletz** (Ed.). Esquisses de la souffrance morale. Paris, Le Clerc, 1828, 2 vol. in-8, demi-veau fauve, tr. jasp. (Capé). 4 fr.

519. **Alletz** (Ed.). Maladies du Siècle. Paris, Gosselin, 1835, in-8, demi-veau fauve. (Capé). 3 fr.

520. **Alsaciens et Lorrains** (Aux). L'Offrande par la société des gens de lettres. Paris, 1873, in-8, br. 2 fr.

2 eaux-fortes.

521. **Amérique** (L') du Nord pittoresque. Ouvrage rédigé par une réunion d'écrivains américains sous la direction de W. Cullen Bryant, trad. revu et augmenté par H. Revoil. Paris, Quantin, 1880, in-4, fig. demi-rel. chag. rouge, pl. toile, tr. dor. 28 fr.

522. **Amours** (Les) de Zéokinizul, roi des Kofirans, ouvrage traduit de l'Arabe, du voyageur Krinelbol. Amsterdam, 1746, in-8 veau. 5 fr.

Manuscrit d'une bonne écriture.

523. **Amour des femmes,** (De) pour les sots. Liège et Paris, 1859, in-12, demi-chagr. violet. n. rog. 3 fr.

524. **Anacréon.** Odes. Edition polyglotte publiée sous la direction de M. Monfalcon. Paris, 1835, gr. in-8, demi-chagr. rouge avec coins. 5 fr.

525. **Anecdotes** de la cour de bonhomie, par l'auteur des mémoires de Versorand. Londres, 1752, 2 vol. in-12, veau. 2 fr.

Par de La Salle.

526. **Annales** des voyages de la géographie et de l'histoire ou collection des voyages nouveaux les plus estimés, traduits de toutes les langues européennes. Paris, Buisson, 1808, 4 vol. in-8, veau marbr. 5 fr.

Cartes et planches.

527. **Antidote** (L') ou le contre-poison des chevaliers d'Industrie, ou joueurs de profession. Venise, 1768, in-12, cuir de Russie, larg. dent., sur les plats, fil., tr. dor. 15 fr.

Exemplaire P. Desq. Très-jolie rel.

528. **Antommarchi** (F.). Mémoires du Docteur F. Antommarchi ou les derniers momens de Napoléon. Paris, Barrois l'aîné, 1825, 2 vol. in-8, demi-veau viol. 5 fr.

529. **Arena** (De Antonius). Provençalis de bragardissima villa de Soleriis ad suos compagnones qui sunt de persona friantes, bassas dansas et branlos practicantes, nouvellos perquam plurimos mandat. Londini. 1758, in-12, veau, fil. 10 fr,

Titre gravé. Bel exemplaire de ce poème maraconique, très rare.

530. **Aretin** (Pierre). Trois livres de l'humanité de Jesuchrist, divinement, descripte et au vif, représentée par P. Arétin. Nouvellement traduictz en françois (par Jean de Vauzelles). Melchior et Gaspard Treschel finirent d'imprimer ce livre à Lyon. le premier cours de Mars 1539, petit in-8 de 8 ff. prélim., 358 pp., pet. in-12 carré, veau, fil., tr. rouge. 18 fr.

1re édition, rare.

531. **Aretino** (Pietro). Les dialogues entièrement et littéralement traduits pour la première fois. Paris, Liseux, 1879, 6 vol. in-18, demi-rel. maroq. rouge, tête dor., n. rog. 70 fr.

532. **Argentré** (Bert d'). L'histoire de Bretaigne, des rois, ducs, comtes et princes d'icelle. Paris, J. du Pays, 1605, in-fol. veau. 40 fr.

Manque le titre. Mouillures.

533. **Arts Somptuaires** (Les). Histoire du costume, de l'ameublement, et des arts qui s'y rattachent, publié sous la direction de Hangard-Maugé, dessins de C. Ciappori. Introduction

générale et texte explicatif par Louandre. Paris, Hangard-Maugé, 1857-58, 4 tômes en 3 vol. in-4, demi-rel. mar. avec coins, tête dor., n. rog. **180 fr.**

324 planches noires et coloriées.

534. Aubryet (Xavier). Le triptyque, la reine et les quatre infantes, le temple et la maison Morphise. Paris, C. Lévy, 1881, in-12 carré, br. papier teinté. **2 fr. 50**

535. Audiganne (A.). L'industrie contemporaine, ses caractères et ses progrès chez les différents peuples du monde. Paris, Capelle, 1856, in-8, demi-chagr. viol. **3 fr.**

536. Avroy (Mme la douairière d'). De l'amour des sots, pour les femmes d'esprit. Liège et Paris, 1859, in-12, veau viol., n. rog. **3 fr.**

537. Balzac. Les contes drôlatiques. Paris, bureaux de la société générale de librairie, 1855, in-8, demi-maroq. orange, tr. peigne. **25 fr.**

Illustrations de G. Doré.

538. Bandello. Nouvelles XVIe siècle, traduit en français pour la première fois. Paris, Liseux, 1879, 2 vol. in-18, br., papier de Hollande, publié à 25 fr. **15 fr.**

Matteo Bandello n'est pas tout à fait aussi ignoré en France que bien d'autres Novellieri Italiens, il occupe même chez nous un assez bon rang grâce à trois circonstances particulières. Henri II, pour le récompenser de son attachement à notre cause durant les guerres d'Italie, en fit un prélat français. Shakespeare lui emprunta le sujet le plus populaire de ses tragédies, Roméo et Juliette.

539. Barbazan. Fabliaux et contes des poètes français des XI, XII, XIII, XIV et XVe siècles. Paris, Warée, impr. de Crapelet 1808, 4 vol. — Nouveau recueil de fabliaux et contes inédits, par Meon. Paris, Chasseriau, 1823, 2 vol. ens. 6 vol. in-8, demi-rel. mar. rouge, avec coins, tr. dor. **60 fr.**

Figures de Langlois, gr. par Delvaux.

540. Barbé (B.). L'inconsolée avec une préface, par Alex. Dumas. Paris, Lévy, 1879, in-12, percal., n. rog., couv. **3 fr.**

1re édition.

541. Barbeyrac (Jean). Traité du jeu, où l'on examine les principales questions de droit naturel et de morale qui ont du rapport à cette matière. Amsterdam, P. Humbert, 1709, 2 part. en 1 vol. in-12, front. **4 fr.**

542. Barclaii Argenis (Jos.). Editio novissimo. Lugd. Bater, elzeviriana, 1630, pet. in-12, mar. rouge, jans., tr. dor. **15 fr.**

Reliure ancienne, titre-frontispice un peu restauré. Haut. 114 mill. 5.

543. Barre (P.). Histoire générale d'Allemagne, Paris, 1748, 11 vol. in-4, front., portr. et fleurons, vignettes, cartes, mar. olive, dos orné, fil doublé de papier doré, gardes de même, tr. dor. (rel. anc.). **250 fr.**

Exemplaire de dédicace en grand papier, aux armes de Frédéric Auguste III. électeur de Saxe, roi de Pologne.

544. Barrow (John). Voyage à la Cochinchine, par les îles de Madère, de Ténériffe et du cap Vert, le Brésil et l'île de Java. Paris, 1807, 2 tomes en 1 vol. in-8, et atlas, in 4, demi-veau fauve, n. rog. **8 fr.**

Atlas de 18 planches.

545. Barrow (John). Histoire chronologique des voyages vers le pôle arctique. Paris, 1849, 2 vol. in-8, demi-veau fauve. **4 fr.**

Accompagné d'une carte.

546. Beauchesne. La vie et la légende de Mme Sainte-Notburg. Paris, Plon, 1868, gr. in-8, br. **14 fr.**

24 gravures d'après les dessins de Langlois.

547. Beaumarchais. Le Mariage de Figaro. Paris, Quantin, 1884, in-12, demi-percal. avec coins, n. rog. couv. **7 fr.**

5 eaux-fortes de Valton, gravées par Abot.

548. Beaumarchais. Le Barbier de Séville. Paris, Quantin, in-12, demi-pércal., avec coins, n. rog., cour. **7 fr.**

5 eaux-fortes de Valton, gravées par Abot.

549. Beaux-Arts. Les illustrations des arts et de la littérature. Paris, Curmer, 1844, 3 vol. in-4, demi-rel., veau fig. **80 fr.**

Nombreuses illustrations dans le texte et hors texte.

550. Benjamin de Constant. Adolphe, anecdotes trouvée dans les papiers d'un inconnu. Paris, chez Treuttel, 1816, pet. in-8, cart. n. rog., **20 fr.**

551. Bernardin de Saint-Pierre. Paul et Virginie, et la chaumière indienne. Paris, Curmer, 1838, gr. in-8. demi-maroq. grenat, avec coins, ébarbé. **50 fr.**

Ouvrage illustré d'environ 450 vign.

sur bois, intercalées dans le texte, de 29 pl. gravées sur bois, tirées à part sur papier de Chine, et une carte, et de 7 portraits dessinés par Laffite, Tony Johannot et Meissonnier. **Le portrait du docteur s'y trouve.**

552. Bertin (Horace). Les heures Marseillaises. Marseille, Laveirarie, 1878, in-8, br.   3 fr.

Portrait gravé à l'eau-forte, par A. Moutte.

553. Bertrand (Abbé). Etude philosophique sur l'homme, son origine, sa nature, sa condition, sa destinée, sa vie en société. Paris, Dourniol, 1876, in-8, br.   1 fr. 50

554. Bertrand de Moleville. The Costume of the hereditary states of the house of Austria, displayed in fitty couloured engravings ; with descriptions, and an introduction, by Bertrand de Moleville, translated by R. C. Dallas. (Texte en anglais et en français). London, Miller, s. d., gr. in-4, pl. color. (50), demi-rel., dos et coins de v. vert, pl. toile.   60 fr.

555. Besenval. Mémoires du baron de Besenval, avec une notice sur sa vie, des notes et des éclaircissemens historiques, par M. M. Berville et Barrière. Paris, Baudoin, 1827, 2 vol. in-8, br. n. rog.   5 fr.

556. Bible (La) Comprise ou le véritable progrès, suite d'essais philosophiques et religieux, par l'auteur de Rêveries et vérités. Paris, Hachette, 1864, 2 vol. in-8, br.   2 fr.

557. Bibliographie des ouvrages relatifs à l'amour aux femmes au mariage et des livres facétieux, par le Cte d'I^s**, 3e édition. Turin, Gay, 1871, 6 vol. in-12, demi-rel., chagr. grenat, tête dor., non rog.   55 fr.

558. Bibliophile (Le) Français, Gazette illustrée des amateurs de livres, d'estampes et de haute curiosité. Paris, Bachelin, 1868. 7 vol. gr. in-8, br.   70 fr.

Exemplaire pap. de Hollande, fi. noires et coloriées.

559. Bibliothèque amusante, ou Recueil choisi de jolis romans, anecdotes amusantes et contes moraux. Paris, Grangé, 1776, 2 parties en 1 vol. in-12, mar. r., dos orné, fil., tr. dor. **(Duru).**   20 fr.

Contient : Manuscrit trouvé dans les ruines d'une maison de l'archipel et traduit du grec par une dame de Grandville. — Des dangers de l'expérience. — Ardostan, conte Oriental. Bel exemplaire avec de nombreux témoins.

560. **Bibliothèque** illustrée du Sports-

man. Paris, 1861-1866, 14 vol. in-8, fig. br., chaque vol.   2 fr. 50

Le chien de chasse. — Remarques sur la condition des Hunters. — Le pied du cheval. Guide du parieur aux courses. — Les courses en France. — Dictionnaire de la race pure. — Les courses au trot. — Manuel de la conservation du gibier. Les Trotteurs. — Conseils aux chasseurs. — Le livre de toutes les chasses, 2 vel. — Ermsworth. — Le Cheval et le Chien.

561. Bijoux (Les) des neuf sœurs, avec de jolies gravures. Paris, Defer de Maisonneuve, 1790, 2 vol. pet. in-12, 2 front. et 4 fig. par Le Barbier, bas. verte.   40 fr.

Exemplaire avec les figures avant la lettre.

562. Blakstone. Commentaires sur les loix anglaises traduites de l'anglois par M. D. G*** (de Gomicourt). Bruxelles, de Boubers, 1774-1776, 6 vol. in-8, mar. rouge, tr. dor. (Rel. anc.).   90 fr.

Aux armes de Lenoir, lieutenant de police.

563. Blanc (Louis). Histoire de dix ans, 1830-1840. Paris, Pagnerre, 1846, 5 vol. in-8, dem. veau fauve, figures.   15 fr.

564. Blanc. Histoire des peintres de toutes les écoles. Paris, Renouard, 14 vol. in-4, demi-percaline verte, avec coins, non rogné.   320 fr.

Bel exemplaire très frais.

565. Blandy (S.). Mont-Salvage, Paris, Delagrave, 1885, gr. in-8, br., n. c, (10 fr.)   4 fr.

30 belles compositions par A. Sandoz.

566. Blaze (Elzéar). Le Chasseur au chien courant, contenant les habitudes, les ruses des bêtes, l'art de les quêter, de les juger et de les détourner etc.. Paris, 1838, 2 vol. in-8, percal.   8 fr.

567. Blondel (François). Cours d'architecture, enseigné dans l'Académie royale d'architecture. Paris, Roulland, 1675, 3 vol. in-fol., veau brun.   75 fr.

Nombreuses figures.

568. Blondel (David). Des sibylles célèbres, tant par l'antiquité payenne que par les Saints Pères. Discours traitant des noms et du nombre des Sibylles, de leurs conditions, de la forme et matière de leurs vers. etc., Paris, L. Perier, 1649, in-4, veau ancien.   20 fr.

569. Blondel (Spire). L'Art, pendant la Révolution, beaux-arts, arts décoratifs. Paris, Laurens, pet. in-8, demipercal. n. rog., couv., figures.   4 fr.

570. **Boccace** (Jean). Le Décaméron, trad. par Ant. Le Maçon. Londres, (Paris), 1757-1761, 5 vol. in-8, portr. fig. et culs-de-lampe de Gravelot et Cochin, gravés par Lemire (etc.), veau fauve, dos ornés, dent. tr. dor. (Rel. anc.)   500 fr.

    Bel exemplaire contenant la suite des 21 estampes galantes.

571. **Boccace.** Les dix journées de Jean Boccace. Traduction de L. Maçon, réimprimée par les soins de D. Jouaust. Avec notice, notes en glossaire par M. Paul Lacroix. Paris, Jouaust, 1873, 4 vol. in-8, mar. vert, tête dor. n. rog., armoiries sur les plats. (Petit).   175 fr.

    L'un des 15 exempl. sur papier Whatman, avec 11 eaux-fortes de Flameng, en deux états.

572. **Boileau.** Œuvres, édition dédiée au Roi. Paris, Didot, 1819, 2 vel. in-fol., pap. vélin cart. n. rog.   25 fr.

573. **Boileau.** Œuvres. Paris, Dufour et Cie, 1826, 2 part. en 1 vol. in-18, demi-chag. vert, portr.   8 fr.

    Edition microscopique.

574. **Boileau.** Œuvres poétiques, suivies d'œuvres en prose, publiées avec notes et variantes, par P. Chéron. Paris, Jouaust, 1876, 2 vol. in-12, demi-veau fauve, tr. jasp.   6 fr.

575. **Borel** (Petrus). Rapsodies, Bruxelles, 1868, in-12, demi-chagr. rouge, tête dor., n. rog., front.   6 fr.

576. **Bossuet.** Divers écrits ou mémoires sur le livre intitulé, explication des maximes des saints. Paris, chez J. Anisson, 1698, in-8, maroq. vert., tr. dor.   50 fr.

577. **Bossuet.** Discours sur l'histoire universelle, depuis le commencement du monde jusqu'à l'empire de Charlemagne. Paris, Renouard, 1803, 4 vol. in-12, mar. vert, fil., tr. dor., portrait.   40 fr.

    Reliure ancienne, très fraîche.

578. **Bossuet.** Lettres de piété et de direction, écrites à la sœur Cornuau, suivies du traité de la concupiscence, et précédées d'une préface par M. Silvestre de Sacy. Paris, Techener, 1857, 2 vol. in-12, mar. laval., dent. int., tr. dor. (Raparlier).   25 fr.

579. **Bouquet** (Dom). Recueil des historiens des Gaules et de la France, accompagnés de sommaires, de tables et de notes. Paris, 1738, 1808, 15 vol. in-fol., veau et cart., n. rog.   300 fr.

    Le tome 13 a un feuillet manuscrit.

580. **Bourniseaux.** (P.-V.-J. de). Histoire de Louis XVI, avec les anecdotes de son règne. Paris, Rosier et Mame, 1829, 4 vol. in-8, veau racine.   10 fr.

581. **Brantome.** Œuvres. Nouvelle édition. La Haye, 1740, 15 vol, in-12, portr. front., par Schley, fleurons, mar. r., dos orné, fil. tr. dor., (rel. anc.).   200 fr.

    Bel exemplaire.

582. **Brillat-Savarin.** Physiologie du goût. Avec une préface par Ch. Monselet. Paris, Jouaust, 1879, 2 vol. in-12, demi-mar. citron, avec coins tête dor., n. rog.   40 fr.

    Eaux-fortes de Lalauze.

583. **Briot.** Histoire de l'état présent de l'empire ottoman, contenant les maximes politiques des Turcs, les principaux points de la religion mahométane, ses sectes, ses hérésies et ses diverses sortes de religieux. Amsterdam, P. Mortier, 1696, in-18, veau plein.   4 fr.

    Ouvrage curieux, orné d'un joli frontispice et de 17 figures de Briot.

584. **Brunet.** Manuel du libraire et de l'amateur de livres. Paris, Didot, 1860. 12 parties rel. en 6 vol. in-8, demi-mar. rouge, tête dor., non rogné.   300 fr.

    Bel exemplaire.

585. **Brunet** (Ch.). Marat, dit l'ami du peuple, notice sur sa vie et ses ouvrages. Paris, Poulet-Malassis, 1862, in-12, br. couv.   8 fr.

    Portrait de Marat, gravé par Flameng tiré sur papier Wathman de format in-4. Rare.

586. **Buchez** et **Roux.** Histoire parlementaire de la Révolution française ou journal des assemblées nationales depuis 1789, jusqu'en 1815. Paris, Paulin, 1834, 40 vol. in-8, demi-veau vert, tr. jasp.   100 fr.

    Bon exemplaire.

587. **Buchon.** Choix de Chroniques et mémoires relatifs à l'histoire de France avec notices biographiques par Buchon. Paris, Delagrave, 40 vol. gr. in-8. demi-chagr. vert, tr. jasp.   200 fr.

    Très bel exemplaire.

588. **Cabinet** (Le) satyrique ou recueil parfaict des vers piquans et gaillards, de ce temps. Tiré des secrets cabinets des sieurs de Sygognes, Regnier, Motin, Berthelot, Maynard et autres des plus signalez poètes de ce siècle. Paris, Jouxte la copie imprimée à

Rouen, 1632, in-8, vél. blanc a recouvrements. 40 fr.

Fort volume de 732 pp. imprimé en italique sur mauvais papier.

589. Cabinet satyrique ou récueil parfaict des vers piquants et gaillards de ce temps, s. l. Poulet-Malassis, 1864, 2 vol. in-12, pap, de Hollande, front. gr., demi-rel. mar. vert, avec coins, tête dor., n. rog. 30 fr.

590. Campion (l'abbé Nic. de). Entretiens sur divers sujets d'histoire, de politique et de morale. Paris, Fl. Délaulne, 1704, 2 tomes en 1 vol. in-12, mar. citron, dent., tr. dor. 8 fr.

Reliure ancienne.

591. Capefigue. Histoire de la réforme de la ligue et du règne de Henri IV. Paris, Dufey, 1834, 8 vol. cart. percal. bradel. 15 fr.

592. Capucins (Les) Sans-barbe, histoire napolitaine, 1761, in-12, demi-veau fauve. 4 fr.

593. Carnot. De la défense des places fortes, ouvrage composé par ordre de Sa Majesté impériale et royale, pour l'instruction des élèves du corps du génie. Paris, Courcier, 1812, 11 planches. — Mémoire sur la fortification primitive, pour servir de suite au traité de la défense des places fortes. Paris, 1823, 2 pl. — Ensemble 1 vol. in-4, demi-veau. 5 fr.

594. Carmontelle. Le duc d'Arnay. Paris, Le Jay, 1776, 2 parties en 1 vol. in-8, demi-maroq. rouge, tr. peigne. 4 fr.

595. Carolus Brio. A Huis Clos. Paris, Rouveyre, 1882, in-12, dem. mar. orange avec coins, tête dor.. n. rog., couv. 5 fr.

Illustrations de Marius Perret.

596. Carrel (Armand). OEuvres politiques et littéraires, mises en ordre, annotées et précédées d'une notice biographique sur l'auteur, par M. Littré. Paris, Chamerot, 1857, 5 vol., in-8, br. 10 fr.

597. Casanova. Mémoires, écrits par lui-même. Edition complète. Paris, Rozez, 1881, 6 vol. in-12, demi-mar. gren. tête dor. n. rog. 28 fr.

598. Cassas (L.-F.). Voyage pittoresque et historique de l'Istrie et de la Dalmatie, rédigé d'après l'itinéraire de L.-F. Cassas par Joseph Lavallée. Ouvrage orné d'estampes, cartes et plans dessinés et levés sur les lieux par Cassas, sous la direction de Née. Paris, de l'imp. de P. Didot l'aîné,

an X (1802), in-fol., cart. demi-mar. rouge, avec coins, n. rog. 75 fr.

599. Casti (Giombattista). Novelle galanti. Filadelfia, 1803, 2 tomes en 1 vol. in-8, veau fauve, fil. tr. dor. 12 fr.

600. Catalogue des livres rares et précieux, manuscrits et imprimés faisant partie de la Librairie de L. Potier. Paris, Labitte, 1870, in-8, mar. rouge, dos orné à petits fers et au pointillé, fil. dent. int. tr. dor. (Bertrand). 25 fr.

Bel exemplaire avec la table des noms d'auteurs et des prix.

601. Catalogue des médailles antiques et modernes, principalement des inédites et des rares, en or, argent, bronze, etc., du cabinet de M. d'Ennery, écuyer. Paris, de l'imprimerie de Monsieur, 1788, in-4, demi-veau, n. rog. 8 fr.

Avec une table de toutes les médailles de Rois, contenues dans cette collection, quelques racommodages.

602. Caylus. Le portefeuille de Monsieur le comte de Caylus, publié d'après les manuscrits inédits de la bibliothèque de l'université et de la bibliothèque Nationale avec introduction et notices. Paris, Moniteur du bibliophile, 1880, in-4, demi-maroq. bleu, titre dor., n. rog. papier teinté. 5 fr.

603. Caylus (Le Cte de). Les Manteaux, Recueil. La Haye, 1746, 2 part. en 1 vol. in-12. demi-veau bleu, tr. dor. front. 4 fr.

Recueil d'anecdotes facétieuses et de recherches historiques.

604. Cent et un Robert Macaire (Les). pet. in-4, demi-rel. chag. 12 fr.

Les 18 premiers numéros.

605. Cérémonies et Coutumes religieuses de tous les peuples du monde représentées par des figures dessinées de la main de Bernard Picart avec une explication historique et quelques dissertations curieuses. A Amsterdam, 1723-1737, 7 vol. in-fol. front. et fig. mar. rouge, dos ornés, fil. tr. dor. (Rel. anc.). Deróme. 400 fr.

Bel exemplaire.

606. Chanson des Mois (La). Par un ancien membre du Caveau, d'après un manuscrit inédit publié par G. Bouret et V. Casseux, Paris, chez les Amis de la Gaîté, l'année des douze mois, in-12, cart. 4 fr.

Tirage sur papier de Hollande. Autographe de l'auteur à Ch. Monselet.

607. Charvériat (E.). Histoire de la guerre de trente ans, (1618-1648). Paris, Plon, 1878. 2 vol., in-8, br. 7 fr.

608. Chasse royale (La). Composée par le roy Charles IX et dédiée au roi très-chrétien de France et de Navarre, Louis XIII. Paris, Potier, 1857, in-12, demi-maroquin, grenat, avec coins, tête dor., n. rog., couv. 8 fr.

609. Chefs-d'Œuvre de l'art antique, architecture, peinture, statues bas-reliefs, bronzes, mosaïques, vases, médailles, camées, bijoux, meubles, etc., tirés principalement du musée royal de Naples. 1re série, comprenant les monuments de la vie des anciens, texte par Robiou, 3 vol. — 2e série. comprenant les monuments de la peinture et de la sculpture, texte par Lenormant, 4 vol. Paris, Lévy, 1867. Ensemble 7 vol. in-4, en cartons. 80 fr.

Nombreuses planches gravées au trait, publié à 250 fr.

610. Cherville (De G.). Les chiens et les chats, préface d'A. Dumas. Paris, librairie de l'Art 1888, in-4, percaline rouge, tr. dor. n. rog. 25 fr.

6 eaux-fortes et 145 dessins par E. Lambert.

611. Ciceronis. Opéra. Lugduni, Batavorum ex officina Elzéviriana, 1642, 10 vol. pet. in-12, mar. rouge, fil. tr. dor., dos orne, (rel. anc.). 90 fr.

2 volumes sont en reliure moderne, mais bien imitée.

612. Circourt (Albert de). Histoire des Mores Mudejares et des Morisques ou des Arabes d'Espagne sous la domination des chrétiens. Paris, Dentu, 1846, 3 vol. in-8, demi-veau gris. 10 fr.

613. Claesen. Motifs de décoration extérieure et intérieure, appliqués aux édifices publics comme aux habitations particulières. Liège et Leipzig, Claesen, s. d., in-fol., fig., demi-rel. chagr. bleu avec coins, tête dor., n. rog. 45 fr.

614. Clarac (Le Cte de). Musée de sculpture antique et moderne ou description historique et graphique du Louvre et de toutes ses parties, des statues, bustes, bas-reliefs, et inscriptions du musée royal des antiques et des Tuileries, accompagnée d'une iconographie égyptienne, grecque et romaine. Paris, Victor Texier, 1826-1853, 6 tomes en 7 vol. gr. in-8 et 6 vol. de pl., demi rel., mar.

rouge, tête dor., n. rog. (1186 pl.) 250 fr.

Manque environ 10 planches.

615. Claretie (J.). Le Drapeau. Paris, Lévy, 1886, in-8, demi mar. gren. avec coins, tête dor., n. rog., dos orné, couv. (Bretault.) 250 fr.

Edition illustrée de 13 vignettes de Kauffmann, tirée à 225 ex. numérotés. On y trouve 14 charmantes aquarelles dans les marges, par Sergent.

616. Claretie (Jules). La Canne de M. Michelet. — Promenades et Souvenirs. Préface par Alfred Mézières. Douze compositions de P. Jazet, gravées à l'eau-forte, par H. Toussaint. Paris, L. Conquet, 1886, in-8, broché. 85 fr.

L'un des 150 exemplaires tirés sur grand papier du Japon, avec la suite des épreuves en double état, avant et avec la lettre.

617. Classiques de la Table (Les), à l'usage des praticiens et des gens du monde. Paris, Dentu, 1844, in-8, demi-veau vert, tr. jasp. 15 fr.

Portraits et figures hors texte.

618 Claye (Jules). Manuel de l'apprenti compositeur. Paris, Claye, 1871, in-12, demi-chag. rouge, tête jasp., n. rog., couv. 10 f.

Rare.

619. Cleland (John). Mémoires de Fanny Hill (xviiie siècle), entièrement traduits de l'anglais pour la première fois par Isidore Liseux. Paris, 1887, in-8, broché, coupé. (Occasion.) 45 fr.

Cette traduction des *Memoirs of a woman of pleasure* est la seule complète, ce livre célèbre qui nous donne des renseignements particuliers sur la vie anglaise au siècle dernier, *n'a jamais été litteralement traduit*, toutes les nombreuses éditions de ce livre ne donnent qu'un faible aperçu du texte primitif. John Cleland, poursuivi par la misère, écrivit ce curieux volume. Ses amis et protecteurs lui firent de vifs reproches : ils lui procurèrent même un emploi et l'argent nécessaire pour racheter tous les exemplaires qu'il pût trouver et qui fudétruits. Cette traduction n'a été faite que pour les amis de l'éditeur et n'a été tirée qu'à 165 exemplaires numérotés.

620. Comines (Philippe). Mémoires contenant l'histoire des roys Louis XI et Charles VIII, depuis l'an 1464 jusques en 1498. Paris, imp. Royale, 1649, in-fol., mar. rouge, dos orné, fil, tr. dor. (Aux armes.) 45 fr.

Mouillures.

621. Congrès archéologique de France. Séances tenues à Fontenay à,

Evreux, à Falaise et à Troyes, en 1864. Paris, 1865, in-8, demi-veau fauve, tr. jasp., figures. 3 fr.

622. Connoissance et culture parfaite des tulipes rares, des anemones extraordinaires, des œillets fins, et des belles oreilles d'ours panachées. Paris. L. d'Houry, 1688, pet. in-12, demi-mar. vert, tr. rouge. 3 fr.

Le titre est double.

623. Conquestes (Les) du grand Charlemagne, roy de France et d'Espagne avec les faits et gestes des douze pairs de France et du grand Fierabras. Troyes, Pierre Garnier, s. d., in-8, vign. sur bois, demi rel. chag. bleu avec coins, fil. 10 fr.

Avec cet ouvrage sont reliées trois autres impressions de Pierre Garnier de Troyes : L'Innocence reconnue, par le R. P. René de Cerizière, corrigé par M. l'abbé Richard (conte en prose). — Académie des jeux dans laquelle on voit les règles comme on joue aujourd'huy. — Le Martyre de la glorieuse sainte Reine d'Alyse, tragédie (en vers) composée par maître Claude Ternet, professeur ès mathématiques et arpenteur juré.

624. Coquille. Institution au droit des françois, par M. Guy Coquille, sieur de Romenay. Dernière édition revue et corrigée. Paris, Toussainct Quinet, 1630, pet. in-8, vélin. 5 fr.

625. Coran (Charles). Rimes galantes. Paris, Amyot, 1847, in-8, br. n. rog. 3 fr.

Edition originale.

626. Coras (Jean de). Arrest mémorable du parlement de Tolose, contenant une histoire prodigieuse d'un supposé mari, advenue de nostre temps, enrichie de cent et onze belles et docles annotations Lyon, B. Vincent, 1596, pet. in-8, demi-mar. bleu, tr. rouge. 10 fr.

Quelques mouillures. Ouvrage très-rare.

627. Corneille. Théâtre. Avec des commentaires et autres morceaux intéressans. S. l., 1765, 12 vol. in-8, veau marb. 25 fr.

1 frontispice et 31 figures, par Gravelot, gravés par Baquoy, Flépart, Lemire de Longueil, etc.

628. Correspondance entre Boileau Despréaux et Brossette, avocat au parlement de Lyon, publiée sur les manuscrits originaux, par Aug. Laverdet. Introduction par J. Janin. Paris. Techener, 1858, gr. in-8, demi-mar. brun, dos et coins, tête dor., n. rog. (Capé.) 20 fr.

L'un des 25 exemplaires tirés sur gr. papier de Hollande.

629. Correspondance inédite du prince de Talleyrand et du roi Louis XVIII, pendant le congrès de Vienne publiée sur les manuscrits conservés au dépôt des affaires étrangères, avec préface, éclaircissements et notes, par Pallain. Paris, 1881, gr. in-8, br. 6 fr.

Exemplaire sur grand papier Wathmann.

630. Correspondance d'un habitant de Paris, avec ses amis, de Suisse et d'Angleterre, sur les événements de 1789, 1790 et jusqu'au 4 avril 1791. Paris, 1791, in-8, demi-percal. rouge, n. rog. 4 fr.

631. Corroënne. Période initiale du petit format à vignettes et figures. Collection Cazin. Paris, Rouveyre, 1880, in-16, br. 4 fr.

Années 1877-78 et 1879.

632. Costard. Lettres en vers et opuscules poétiques, etc. Londres et Paris, 1789, in-12, demi-veau, fil. 3 fr.

Frontispice et figures d'Eisen.

633. Daly (César). Décorations extérieures et intérieures des nouvelles maisons de Paris et des environs. Paris, Morel, 1868, 3 vol. in-fol. dans des cartons. 110 fr.

110 planches.

634. Dantier (Alphonse). Les femmes dans la société chrétienne. Paris, Didot, 1879, 2 vol. gr. in-8, brochés. 12 fr.

Ouvrage illustré de 4 photogravures, et de 200 figures sur bois. d'après les monuments de l'art.

635. Daressy (Henri). Archives des maîtres d'armes de Paris. Paris, Quantin, 1888, gr. in-8, br. port. 7 fr.

636. Daumont (Alex.). Voyage en Suède, contenant des notions étendues sur le commerce, l'industrie, l'agriculture, les mines, les sciences, etc. Paris, Bertrand, 2 vol. in-8, de texte et atlas in-4, demi-veau fauve. 10 fr.

L'atlas se compose de 11 planches, dont 2 de costumes coloriés.

637. Delavigne (Casimir). Théâtre. Nouvelle édition, seule complète. Paris, Didier, 1851, 3 vol. pet. in-12, demi-percal., tête peig., n. rog., port. couv. 10 fr.

638. Delestre (J.-B.). Gros, sa vie et ses ouvrages, 2e édition, revue et augmentée. Paris, Renouard, 1867, gr. in-8, demi-chag. noir, tr. jasp., port. 10 fr.

55 gravures dont 44 fac-simile de dessins et compositions inédits du maitre.

639. De Re Hortensi libellus, vulgaria herbarum, florum, ac fruticum, qui in hortis conscrisolent, nomima Latinis nocibus esserre docens ex probatis autoribus, Lugduni apud seb. Gryphium, 1539, pet. in-8, demi-mar. vert, n. rog.   5 fr.

640. Deschamps (Ch.). Les gouttes de sang. Paris, Hurtau, 1869, in-12, demi-mar. orange avec coins, tête dor., n. rog.   8 fr.

641. Des Périers (Bonaventure). Nouvelles récréations et joyeux devis, suivis du Cymbalum mundi, réimprimés par les soins de D. Jouaust, avec une notice des notes et un glossaire, par L. Lacour. Paris, Jouaust, 1874, gr. in-8, br.   4 fr.

Tome 2 seulement, en gr. papier de Hollande, publié à 20 fr.

642. Des Portes. Les CL psaumes de David, mis en vers françois, avec quelques cantiques de la Bible, hymnes et autres œuvres et prières chrétiennes. Paris, Mamert, Patisson, 1604, in-12, mar. vert., fil., tr. dor., dos orné. (Koehler.)   25 fr.

Edition recherchée, très bien imprimée, petits raccommodages au titre. Haut. 130 mil.

643. Deyeux. La Chassomanie. Paris, Delahays, 1856, in-8, demi-mar. vert, avec coins, tr. peig., figures.   8 fr.

644. Diderot. La religieuse. Paris, Gueffier, an V (1796). 2 parties en un vol. in-12, demi-veau.   3 fr.

645. Didier (Charles). Campagne de Rome. Paris, Labitte, 1842, in-8, demi-veau gris, tr. jasp.   3 fr.

646. Didron. Annales archéologiques. Paris, V. Didron, 1844-1864, 24 vol. in-4, demi-veau vert, tr. jasp. 150 fr.

Les 24 premiers volumes. Nombreuses planches en noir et en couleur.

647. Doit-on pleurer sa femme. par ??? Liège et Paris, 1860, in-12, demi-chag. vert, n. rog.   3 fr.

648. Dondé (François). Les figures et l'abrégé de la vie, de la mort et des miracles de Saint-François de Paule, instituteur et fondateur de l'ordre des minimes. Paris. F. Muguet, 1671, in-fol., veau.   30 fr.

Titre et 24 pl. gravées. On a joint à notre exemplaire. Les portraits de quelques personnes signalées en piété de l'ordre des minines, avec leurs éloges tirés des historiens et des chroniques du mesme ordre, 1668, 18 pl. dont 15 portraits.

649. Don Garcia. L'antiquité des larrons. Ouvrage non moins curieux que délectable, composé en espagnol et traduit en français, par le sieur Daudiguier. Paris, Toussaint Du Bray, 1621, pet. in-8, veau fil.   4 fr.

Ouvrage rare.

650. Doppet (Général). Mémoires politiques et militaires. Paris, Baudouin, 1824, in-8, demi-veau gris, avec coins.   3 fr.

651. Dorat. La déclamation théâtrale. Poème didactique en 4 chants. précédé et suivi de quelques morceaux de prose. Paris, Delalain, 1771, in-8, veau.   5 fr.

3 figures d'Eisen.

652. Double beauté (La). Roman étranger, par Dujardin et Sellius, Contorbéry, Paris, 1754, in-12, veau, fil., tr. dor., pl. de musique.   3 fr.

Exemplaire en gr. papier. C'est une critique du « Journal étranger ».

653. Drujon (Eernand). Catalogues des ouvrages écrits et dessins de toute nature poursuivis, supprimés ou condamnés de 1814 à 1877. Paris, Rouveyre, 1878, gr. in-8 en livraisons.   3 fr.

Les 4 premières livraisons, le texte s'arrête à la lettre U.

654. Druy (Le Cte de). La beauté de la valeur et la lascheté du duel. divisé en quatre parties. Paris, J. Bessin, 1658, in-4, veau (mouillures).   35 fr.

Très rare.

655. Du Bellay OEuvres de Joachin Du Bellay, Angevin, fidèlement revues et corrigées, c'est à sçavoir : la défense et illustration de la Langue françoise, l'Olive augmentée, l'Antérotique, la Musagneomachie, et plusieurs autres œuvres poétiques. Paris, Ch. Langelier, 1561, in-4, mar. olive, à nerfs, fil. à compartim., milieux ornés, style XVIe siècle, dent. int., tr. dor. (Capé).   160 fr.

Edition rare. — Très bel exemplaire, malgré un petit raccommodage tout à fait sur le bord de quelques feuillets.

656. Du Boccage (Madame). Recueil de ses œuvres, augmenté de l'imitation en vers du poème d'Abel. Lyon, 1770, 3 vol. pet. in-8, demi-veau.   6 fr.

Edition ornée d'un portrait, une figure de Briard, gravée par Tardieu et quelques vignettes du même.

657. Dubos (L'abbé). Histoire critique de l'établissement de la monarchie

française dans les Gaules. Paris, Os-
mont, 1734, 3 vol. in-4, veau.   6 fr.

Plans.

658. **Ducange** (Victor). Agathe ou le
petit vieillard de Calais. Paris, Barba,
1819, 2 tomes en 1 vol. in-12, demi-
veau.   5 fr.

659. **Ducange** (Victor). La luthérienne
ou la famille Morave. Paris, Pollet,
1825, 6 tomes en 3 vol. in-12, demi-
veau fauve, tr. marb.   12 fr.

2 planches. Cet ouvrage a été l'objet
d'une condamnation.

660. **Du Casse**. Le général Arrighi de
Casanova, duc de Padoue. Paris,
Dentu, 1866, 2 vol. in-8 brochés.
                                 3 fr.

Portrait.

661. **Duchateau** (Mme). Souvenirs
d'un petit alsacien. Paris, Delagrave,
1886, petit in-4 br., n. c.   2 fr. 50

Papier teinté. Vingt illustrations par
J. Girardet et Speecht.

662. **Du Choul**. Discours sur la cas-
tramétation et discipline militaire des
Romains, des bains et antiques exer-
citations grecques et romaines ; de
la religion des anciens Romains. A
Wesel, 1672, in-4, demi-percal. ébarbé.   15 fr.

Ouvrage très rare et très curieux.
contenant nombreuses figures gravées,
le dernier feuillet est doublé.

663. **Ducis**. OEuvres suivies également
des œuvres de M. Jos. de Chénier.
Paris, Ledentu, 1839, gr. in-8 à 2 col.
demi-chag. noir.   4 fr.

Joli portrait gravé sur acier.

664. **Ducrest de Villeneuve**. Histoire de Rennes. Rennes, Ed. Mo-
rault, 1845, in-8 br.   4 fr.

Avec deux anciens plans de la ville.
Nombreuses notes marginales manuscrites.

665. **Ducros** (Emmanuel). En chemin
de fer. Triolets dits par M. Mounet-
Sully. Paris, L. Baschet, in-4, mar.
chag. rouge, large dent., tête dor.,
n. rog., couv. monté sur onglets.
                                50 fr.

Composition de Ch. Daux. L'un des
25 ex. sur papier du Japon.

666. **Dugué** (Ferdinand). Les horizons
de la poésie. Paris, Renduel, 1836,
in-8, demi-veau.   2 fr.

Première édition.

667. **Dumas** (Alexandre). La question
du divorce. Paris, Lévy, 1880, in-8,
br.   3 fr.

668. **Dumont**. Histoire militaire du
prince Eugène de Savoie, du prince
de Malborough et du prince de Nos-
san-Frise, augmenté d'un supplément, par Rousset. La Haye, 1729,
3 vol. in-fol. maroq. rouge, fil à la
Duseuil, dos orné, dent. int., tr.
(Hardy.)   350 fr.

Très bel ouvrage fort bien exécuté
renfermant de très belles planches re-
présentant des champs de bataille. Armoiries sur les plats.

669. **Duplessis** (G.) Histoire de la
gravure en Italie, en Espagne, en Allemagne, dans les Pays-Bas, en Angleterre et en France. Suivie d'indi-
cations pour former une collection
d'estampes. Paris, Hachette, 1880,
in-4, veau fauve, tête dor., n. rog.
                                40 fr.

73 reproductions de gravures anciennes. L'un des 50 ex. sur papier What-
mann.

670. **Dupont-Auberville**. L'orne-
ment des tissus, recueil historique
et pratique, avec des notes explica-
tives, et une introduction générale.
Paris, Ducher, 1877, gr. in-4, demi-
chag. rouge, tête dor., n. rog. 85 fr.

100 planches en couleurs, montées sur
onglets.

671. **Du Puy**. Instruction d'un père à
son fils sur la manière de se conduire dans le monde. Paris, Jacques
Estienne, 1730, in-12 veau.   2 fr.

672. **Duvert** (F. A.). Théâtre choisi.
Paris, Charpentier, 1877, 6 vol. pet.
in-8, demi-mar. lavall. avec coins,
tête dor., n. rog., couv.   30 fr.

L'un des 50 exemplaires sur papier de
Hollande.

673. **Eisemberg**. L'art de monter à
cheval ou description du manège moderne, écrit et dessiné par le baron
d'Eisemberg et gravé par B. Picart.
La Haye 1733, 60 planches y compris
le front. Dictionnaire des termes de
manège moderne. Amsterdam, 1747,
Anti-maquignonnage pour éviter la
surprise dans l'emplette des chevaux,
par le baron d'Eisemberg. Amsterdam, 1764, pl. Ens. 3 ouvrages en
1 vol. in-4 oblong, demi-rel., bas.
verte.   65 fr.

674. **Eloges** et discours sur la triom-
phante réception du roy en sa ville
de Paris, après la réduction de La
Rochelle, par J. B Machand, jésuite,
accompagnez de figures, tant arcs de
triumphe que des autres préparatifs.
Paris. P. Rocolet, 1629, in-fol., mar.
vert, fil. dent. int., dos orné, tr. dor.
                                80 fr.

Figures d'Abr. Bosse, Melch. Tavernier et F. Firens.

On remarque dans ce volume une grande planche gravée par A. Bosse, laquelle représente le prévôt des marchands et les échevins de Paris, haranguant le roi Louis XIII à ·on retour de La Rochelle.
Le titre est doublé le frontispice remonté et les 2 dernières pages tachées.

675. **Emblêmes.** Emblemata D. A. Alciati. denuo ale ipso Autore recognita, ac quœ desiderabantur, imaginibus locupletata accesserunt nova aliquot ab autor emblemata fuit quoque ciconibus insignita. Lug. Apud. Mathiam Bonhomme, 1550, in-8, vélin blanc, ébarbé. 80 fr.

Les figures en bois qui décorent cette édition sont marquées du monogramme P. V., c'est donc à tort qu'on les a attribuées au Petit Bernard. Chaque planche est encadrée d'ornements variés. Le titre et quelques planches seulement sont lavés.

676. **Enterrement** (L') du dictionnaire de l'Académie. 1697, in-12, veau. 3 fr.

Frontispice. Cet ouvrage attribué faussement à l'abbé de Furetière ou au P. Richelet, paraît être composé par un un abbé en prison dans le château de Pierre Encise.

677. **Epigrammata** græca, selecta ex Anthologia, interpretata ad verbu et carmine, ab Henrico Stephano : quædam ab aliis. Ejusdem interpretationes centum et sex unius distichi aliorum item quorandum epigrammatum variæ. S. l., excudebat Henricus Stephanus, 1570, in-8, mar. vert fil. tr. dor. (Derome.) 35 fr.

Bel exemplaire.

678. **Espion** (L') de Thamas Koulikan dans les cours de l'Europe, ou lettres et mémoires de Pagi-Nassir-Bek, contenant diverses anecdotes politiques pour servir à l'histoire du temps présent, traduit du Persan par l'abbé de Rochebrune. A Cologne, chez Erasme Kinkins, 1746, in-12, mar. brun du Levant, dos et coins ornés, dent. int., tr. dor. (Chatelin). 10 fr.

Frontispice gravé.

679. **Estienne** (Henri). L'introduction au Traité de la conformité des merveilles anciennes avec les modernes, ou Traité préparatif à l'Apologie d'Hérodote, composée en latin par Henri Estienne, et continuée par luy-même. L'an M.D.LXVI, au mois de Nouembre (1576) (marque du Rocher sur le titre), in-8, mar. r. fil. tr. dor. (Petit.) 30 fr.

Bel exemplaire.

680. **Estienne** (Ch.) et J. **Liébault.** L'agriculture et Maison rustique.

Avec un brief recueil des chasses du cerf, du sanglier, du lièvre, du renard, du blereau, du connil, du loup, des oiseaux et de la fauconnerie, plus la fabrique et usage de la jauge. Paris, N. de la Vigne, 1640, ensemble 1 vol. in-4, veau fil. 40 fr.

Piqûre de vers dans la marge atteignant la moitié du volume. Nombreuses figures sur bois.

681. **Été à la campagne** (Un). Correspondances de deux jeunes Parisiennes, recueillies par un auteur à la mode, rédacteur à la revue des deux mondes. S. l., 1868, in-12, br. papier vergé. 15 fr.

L'auteur a voulu conserver l'anonyme; ce livre est charmant quoique un peu vif. Frontispice à l'eau-forte.

682. **Étrennes** (Les) de la St-Jean. Seconde édition augmentée. Troyes, Oudot, 1742, in-12 mar. rouge, fil. dent. int. tr. dor., dos orné, port. (Duru.) 12 fr.

Facéties racontées en style populaire, composées par le comte de Caylus. le comte de Maurepas, Vadé, la comtesse de Verrue, etc.

683. **Eudel** (Paul). Le Truquage. Les contrefaçons dévoilées. Paris, Dentu, 1884, fort vol. pet. in-8, demi-mar. rouge avec coins, tête dor., n. rog. couv. (Pougetoux.) 15 fr.
Exemplaire sur papier du Japon.

684. **Eunapius Sardianus,** de vitis philosophorum et sophistarum, nunc primum grec et latin editus, intreprete Hadr. Junio cum indice et græci exemplaris castigatione. Antuerpiæ, ex offic. Christ. Plantini, 1568, 2 tomes en 1 vol. pet. in-8 vélin blanc à recouv. tr. dor. de 213 pp. 1 f., 194 pp. et 3 ff. 20 fr.
Edition très rare.

685. **Eyries** et **Sadoux.** Les châteaux historiques de la France, accompagné d'eaux fortes, tirées à part et dans le texte. Paris, Oudin, 1879, 2 vol. in-fol., demi-chag. rouge avec coins, n. rog. 110 fr.

686. **Fauchet.** Fleur de la maison de Charlemagne, qui est la continuation des antiquitez françoises : contenant les faits de Pépin et ses successeurs, depuis l'an 751 jusques en l'an 840 de Jésus-Christ. A Paris, chez Jeremie Perier, 1601, pet. in-8, mar. la Vall. fil. à froid, chiffre sur les plats, dent. int. tr. dor. (Pouget.) 45 fr.
Exemplaire avec la superbe marque du dernier feuillet.

687. **Favre** (Dr Henri). Balzac et le temps présent. Paris, 1888, in-12 br. 1 fr. 50

688. Favyn. Le théâtre d'honneur et de chevalerie ou l'histoire des ordres militaires des roys et des princes de la chrestienté et leur genealogie. Paris, Robert Fouet, 1620, 2 vol. in-4 demi rel. veau fauve, tr. rouges.
60 fr.

689. Fénelon. Réfutation des erreurs de Benoit de Spinosa, avec la vie de Spinosa, écrite par M. Jean Colerus. Bruxelles, chez Fr. Foppens, 1731, in-12, mar. rouge, fil. dos orné. tr. dor. (rel. anc.).
20 fr.

690. Fénelon. Les Aventures de Télémaque, fils d'Ulysse. Paris, Dentu, 1808, 4 vol. pet. in-12, veau marbr., dos orné.
25 fr.

35 figures par Queverdo et portrait gravé par Gaucher.

691. Feydeau (Ern.). Les Nationales, poésies. Paris, Ledoyen, 1844, in-8, demi-percal. avec coins, n. rog., couv.
15 fr.

Edition originale avec envoi autographe de l'auteur à M. Gavarni.

693. Fleuriot (Mlle Zénaïde). Le clan des têtes chaudes. Paris, Hachette, 1887, in-8 percal. ornements, tr. dor.
3 fr.

Illustré de 65 gravures par Myrhach.

694. Florian. Suite de 103 figures, portraits et frontispices in-8, par Queverdo, Flouest, Monsiau, Lefebvre, Le Barbier, pour les œuvres de Florian. Paris, 1784-1799, en 1 vol. in-8 cart. dos et coins de perc. 35 fr.

695. Foé (Daniel de). La vie et les aventures de Robinson Crusoé. Ancienne traduction revue et corrigée sur la belle édition donnée par Stockdale en 1790, augmentée de la vie de l'auteur, qui n'avait pas encore paru. Paris, veuve Panckoucke, an VIII, 3 vol. in-8, veau gr., tr. marb.
20 fr.

1 portrait de D. de Foé et 11 figures au lieu de 18, gravés par Delvaux, Dupréel et Delignon. Edition ne se trouvant presque jamais complète.

696. Fonvielle (aîné de Toulouse). Résultats possibles de la journée du 18 brumaire an VIII ou continuation des Essais sur l'état actuel de la France, au 1er Mai 1796. Paris, an VIII, in-8 veau, marb. fil.
2 fr.

Taches d'écritures.

697. Forbin (Le comte de). Voyage dans le Levant, en 1817 et 1818. Paris, imp. Royale, 1819, in-8, demi-veau fauve,
4 fr.

Avec un plan du Saint-Sépulcre.

698. Forgeais (Arthur). Collection de plombs historiés, trouvés dans la Seine. Paris, 1863-65, 3 vol. — Notice sur les plombs historiés. Paris, 1858, 1 vol. — Ensemble 4 vol. in 8, br., figures.
12 fr.

Les tomes 2, 3 et 4, comprenant : Enseignes de pélerinages, 1 vol. — Imagerie religieuse, 1 vol.

699. Fouché. Mémoires de Joseph Fouché, duc d'Otrante, ministre de la police générale, 2e édition. Paris, 1824, in-8, cart. n. rog., port.
3 fr.

700. Fournef. Traité de l'adultère. Paris, Demonville, 1783, pet. in-8 veau.
3 fr.

701. Fracastor (Jérôme). Syphilis ou le mal vénérien. Paris, 1796, in-18, demi-mar. vert, tr. marb., port.
2 fr.

702. Frédol (Alfred). Le monde de la mer. Paris, Hachette, 1881, gr. in-8, demi-mar. rouge avec coins, tête jasp., n. rog., couv.
18 fr.

Illustré de 22 planches tirées en couleur, de 14 pl. en noir, tirées à part et de nombreuses vignettes intercalées dans le texte.

703. Galanteries (Les) des rois de France. A Cologne, chez Pierre Marteau, s. d., 3 vol. pet. in-12 veau fauve, fil., figures.
15 fr.

704. Galerie des peintres flamands, hollandais et allemands, gravée de 1777 à 1792), sous la direction de M. Lebrun, peintre. Paris, chez l'auteur et chez Soignant. Amsterdam, Fouquet, 1792, 3 vol. pet. in-fol., veau marb., dent. tr. dor. 600 fr.

201 planches gravées par les plus habiles artistes de France, de Hollande et d'Allemagne. Splendides épreuves.

705. Galerie Durand-Ruel. Recueil d'estampes, gravées à l'eau-forte. Préface par Armand Silvestre. Paris, Durand-Ruel, 1873, 6 vol. in-4, demi-mar. gren., dos ornés, tête dor., n. rog.
160 fr.

300 pl. montées sur onglets. La pl. 13 manque.

706. Galerie Aguado. Choix des principaux tableaux de la galerie de M. le marquis de las Marismas del Guadalquivir, notice sur les peintres, par Louis Viardot. Paris, s. d. gr. in-folio, demi-chag. vert, tête dor. n. rog.
90 fr.

Titre gravé et 38 grandes planches sur acier, gravées par Calamatta, Pannier, Masson, Mauduit, etc. Très belles épreuves.

707. Galerie du Palais du Luxem-

bourg, peinte par Rubens, dessinée par Nattier et gravée par les plus illustres graveurs du temps. Paris, Duchange, 1710. gr. in-fol.. v. marb.
170 fr.

Portraits de Marie de Médicis, de François de Médicis, de Jeanne d'Autriche, de P.-P. Rubens et 21 planches épreuves avant les numéros.

708. **Galeries** historiques de Versailles, publiées par ordre du Roi, sous la direction de MM. Gavard, Cala matta et Mercuri, pour les gravures... Paris, Gavard, 1837 et ann. suiv., 16 tom. en 13 vol. gr. in-fol., demi-rel. mar. vert, dor. en tête, non. rog.
600 fr.

Bel exemplaire de l'édition de luxe en grand papier vélin, demi-colombier, figures sur chine; texte orné de vignettes et culs-de-lampe gravés sur bois.

709. **Galesloot** (L.). Madame Deshoulières emprisonnée au château de Vilvorde, par ordre du prince de Condé ; son évasion de cette forteresse. Bruxelles, 1866. pet. in-12 carré, demi-veau vert, tr. jasp., fig.
3 fr.

710. **Galichon** (Emile). Des destinées du musée Napoléon III. Fondation d'un musée d'art industriel. Paris, Dentu, 1862, in-8, demi-veau fauve.
1 fr. 50

711. **Galichon** (Emile). Nouvelles observations sur la Restauration des tableaux du Louvre. Réponse à M. Ferd. de Lasteyrie. Paris, Claye, 1860. Restauration des tableaux du Louvre. Réponse à un article de M. Frd. Villot. Paris, 1860, gr. in-8, demi-mar. rouge. tête dor., n. rog., papier de hollande.
3 fr.

712. **Gallais.** Extrait d'un dictionnaire inutile, composé par une société en commandite et rédigé par un homme seul. A 500 lieues de l'Assemblée Nationale, 1790, in-8. demi-percal. n. rog.
5 fr.

713. **Galland.** Les Mille et une Nuits, contes arabes. traduits en françois par Galland. Nouvelle édition revue sur les textes originaux, par M. Destains, précédé d'une notice historique sur Galland par Ch. Nodier. Paris, Dupont, 1827, 6 vol. in-8, demi-mar. rose. tr. marbr.. dos orné. dos plat. figures.
25 fr.

714. **Galle** (Philippe). Deux recueils de 50 planches gravées sur cuivre, sur la vie de Jésus-Chrit et de la Ste-Vierge, 1 vol. in-fol., vel. 60 fr.

715. **Gallois** (Léonard). Histoire des journaux et des journalistes de la Révolution française. (1789-1796),

précédée d'une introduction générale, Paris, 1845, 2 tomes en 1 vol. gr. in-8, demi-veau, tr. jasp., portraits. piqûres.
12 fr.

716. **Garnier** (Robert). Les Tragedies Revenës, augmentées et réimprimées de nouveau. A Saumur, par Thomas Portau, 1602, in-12 de 620 pp., car. ital. mar. r. jans. dent. int., tr. dor. (Duru et Chambolle.)
40 fr.

Edition non citée.

717. **Garon** (Louys). La Chasse ennuy ou l'honneste entretien des bonnes compagnies divisé en v centuries. Jouxte la copie imprimée à Lion. A Paris, chez Cl. Griset, 1633, in-12, vélin.
12 fr.

Dits mémorables, riches pointes et mots subtils de grands personnages, la 1e part. traite des maris et des femmes des pères et fils, etc., la 5e est un mélange de joyeusetés désennyeuses. Très beau titre, frontispice gravé.

718. **Garsault** (de). Le Guide du Cavalier, Paris, 1770, in-12, avec 7 jolies fig. dess. et grav. par Ransonnette, bas. rac.
15 fr.

719. **Gassier.** L'Antigone française ou mémoires historiques sur Marie-Thérèse-Charlotte de Grance, fille de Louis XVI, duchesse d'Angoulème. Paris, s. d.. in-12. br.
1 fr.

Portrait.

720. **Gauchet** (Cl.). Le Plaisir des Champs, avec la Vénerie, volerie et peschcrie, poème en quatre parties. Edition revue et annotée par P. Blanchemain. Paris, A. Franck, 1869, pet. in-12, demi-rel., dos et coins de mar., br., fil., tr., r. (Mouillures).
8 fr.

Exemplaire sur papier de Chine.

721. **Gaultier-Dagoty.** Collection de plantes usuelles, curieuses et étrangères, selon les systèmes de MM. Tournefort et Linnœus, tirées du Jardin du roi et de celui de MM. les Apothicaires de Paris. Paris, 1767, in-fol. mar. bleu, comp. de fil., doublé de tabis, tr. dor., (rel. anc.).
75 fr.

25 planches coloriées.

722. **Gautier.** Chroa-Genesie ou génération des couleurs, contre le système de Newton. Paris, A. Boudet, 1750. 2 vol. in-12, mar. rouge, fil., tr. dor.
125 fr.

12 planches gravées. Reliure très fraiche aux armes de Stanislas Lexcynska, roi de Pologne.

723. **Gautier** (Th.). Une larme du diable. Paris. Dessesart, 1839, in-8, demi-mar. rouge avec coins, n. rog., port. couv.
10 fr.

724. **Gavarni**. Le diable à Paris. Paris et les Parisiens à la plume et au crayon, par Gavarni et Grandville. Paris, Hetzel. 1869, 4 vol. gr. in-8, br., couv.   25 fr.

Illustrations dans le texte et hors texte.

725. **Gaverni**. Masques et Visages. Paris. Librairie du Figaro, 1868, gr. in-8, percal. rouge, tr. dor., port.   5 fr.

Vignettes dans le texte.

726. **Gavarni**. Masques et visages, notice par Sainte-Beuve. Paris, Calmann-Lévy, s, d., in-fol., fig., perc. 15 fr.

727. **Gay** (Delphine). Essais poétiques. Paris, 1824, in-8, demi-rel.   4 fr.

Edition originale.

728. **Gayot** (Eug.). La France chevaline. Paris, 1848, in-8, br.   2 fr.

1re partie, Institutions hippiques.

729. **Gazette** des beaux-arts, courrier Européen, de l'art et de la curiosité, 1868 à 1874 compris, 12 vol. gr. in-8, demi-mar. rouge, ébarbé.   130 fr.

Nombreuses eaux-fortes hors texte.

730. **Geffroy**. Gustave III et la cour de France, suivi d'une étude critique sur Marie-Antoinette et Louis XVI, apocryphes. Paris, Didier, 1867, 2 vol. in-8, demi-chag. rouge avec coins, tête dor., n. rog., portraits.   9 fr.

731. **Génin** (F.). Récréations philologiques ou recueil de notes pour servir à l'histoire des mots de la langue française, 2e édition. Paris, Chamerot, 1858, 2 vol. in-12, demi-veau vert, tr. jasp.   4 fr.

732. **Génin**. La chanson de Roland, poème, de Theroulde, texte critique accompagnée d'une traduction, introduction et notes. Paris, Imp. nationale, 1850, in-8, demi-maroq. rouge, n. rogné.   25 fr.

733. **Genlis** (Mme de). Les vœux téméraires ou l'enthousiasme. Hambourg, 1799, 3 vol. in-12, demi-veau.   8 fr.

734. **Gérardo** (Piètro). Histoire de la vie et faits d'Ezzelin III, surnommé da Romano, tyran de Padoue, divisée en neuf livres ; composée en italien, nouvellement mise en françois. A Paris, chez Jean Promé, 1645, in-8, mar. rouge, fil., dos orné, tr. dor. (Hardy).   20 fr.

735. **Gessner**. OEuvres de Salomon Gessner. Paris, Renouard, 1795, 4 vol. — Salomon Gessner, sa vie, traduite de l'allemand de M. Hottinguer. Zurich, 1797, 1 vol. Ensemble 5 vol.

in-12, mar. vert, fil., dent. int., doub. de tabis rose, tr. dor. (Reliure ancienne).   100 fr.

Bel exemplaire papier vélin, orné d'un charmant portrait de Gessner par Denon. gravé par saint-Aubin.

736. **Gessner**. OEuvres. Paris, Renouard, 1794, 4 vol. in-8, demi-mar. gren,   40 fr.

3 portraits et 48 figures par Moreau, gravées par Baquoy, Dambrun, Delvaux, etc.

737. **Gessner**. Mort d'Abel, poëme traduit par Hubert. A Paris, chez Defer de Maisonneuve. 1793, in-4, demi-mar. citr. avec coins, dos orné, tête dor., n rog.   70 fr.

Frontispice et 5 figures de Monsiau, en couleur, gravés par Colibert, Casunose et Clément.

738. **Gigault de la Salle**. Voyage pittoresque en Sicile dédié à Mme la duchesse de Berry. Paris, Didot, 1822-28, 2 vol. in-fol., demi-mar. rouge, tête dorée, n. rog.   70 fr.

Ouvrage magnifique composé de 92 planches avec texte historique, publié à 840 fr. broché. Bel exemplaire.

739. **Ginguené** (P.-L.). Notice sur la vie et les ouvrages de Nicolas Piccinni. Paris, Panckoucke, an IX, in-8, mar. violet jans., dent. int. tr. dor. (Hardy).   25 fr.

740. **Gli Ornati** delle Pareti ed i Pavimenti delle Stanze dell' Antica Pompei incisi in ame. In Napoli, nella Stamperia Regale, 1708, 2 parties en 1 vol. gr. in-fol., mar. rouge, dent., dos orné, tr. dor.   50 fr.

741. **Godeau** (Antoine). Paraphrase des pseaumes de David. A Paris, chez la Vve Camusat, 1648, pet. in-4, veau, fil.   5 fr.

742. **Goncourt** (Ed. et J.). Histoire de Marie-Antoinette. Paris, Charpentier, 1878, in-4, perc. verte, tr. dor. 25 fr.

Edition ornée d'encadrements à chaque page par Giacomelli et 12 planches hors texte.

743. **Grafigny** (Mme de). Lettres d'une Péruvienne. Nouvelle édition, augmentée d'une suite qui n'a pas encore été imprimée. Paris, de l'imprimerie de Didot l'aîné, 1797, 2 vol. in-12, mar. rouge jans., tête dorée, non rog.   50 fr.

Portrait gravé par de Launay, 8 charmantes figures par Lefèvre, gravées par Coiny.

744. **Grandville**. Scènes de la vie privée et publique des animaux. Etudes de mœurs contemporaines. Paris.

Hetzel et Paulin, 1842, 2 vol. gr. in-8,
demi-veau, n. rog., (rel. de l'époque).
75 fr.

Nombreuses illustrations de Grandville. Superbe exemplaire complètement
non rogné.

745. **Grécourt.** Œuvres complètes,
enrichies de gravures, nouvelle édition, soigneusement corrigée et augmentée d'un grand nombre de pièces qui n'avaient jamais été imprimées. Paris, Chaignieau ainé, an V,
(1796), 4 vol. in-8, mar. r., dos ornés,
fil., dent. int., tr. dor. (Capé). **180 fr.**

1 portrait par Dupréel, et 8 figures
par Fragonard fils, gravées par Dambrun, Duparc, Giraud le jeune, Lingée
et Dupréel.
Bel exemplaire sur papier vélin, avec
les figures avant la lettre.

746. **Grégoire** (l'abbé). Essai historique et patriotique sur les arbres de
la liberté. A Paris, chez Desenne,
l'an II, (1794), in-8, port., mar. rouge,
fil., dos orné, dent. int., tr. dor.,
(Capé). 35 fr.

747. **Gresset.** Œuvres. Nouvelle édition, revue, corrigée et considérable-
ment augmentée. Londres, chez Ed.
Kermaleck, 1751, 2 vol. in-12, mar.
citron jans., dent. int., tr. dor.
(Chambolle-Duru). 40 fr.

Bel exemplaire.

748. **Grimm et Diderot.** Correspondance littéraire, philosophique et critique adressé à un souverain d'Allemagne, pendant une partie des années 1775-76, et pendant les années
1782 à 1790 inclusivement. Paris,
Buisson, 1813, 19 vol. in-8, cart., n.
rogné. 50 fr.

749. **Guarini.** Le berger fidèle, traduit
de l'italien en vers françois. Amsterdam, chez Abraham Wolfgang, 1689,
in-12, veau. 1 fr.

Titres et figures gravées en taille-
douce.

750. **Guichenon** (Samuel). Histoire
généalogique de la Royale-Maison de
Savoie, justifiée par titres, fondations
de monastères etc. Turin, 1778, 5 vol.
in-fol., demi-rel. veau. 120 fr.

Nombreuses planches de blasons et
figures.

751. **Guiffrey** (J.). Antoine Van Dyck,
sa vie et son œuvre. Paris, Quantin,
1882, in fol., figures et eaux-fortes,
perc., n. rogne. 50 fr.

752. **Guizot.** L'histoire de France depuis les temps les plus reculés jusqu'en 1789, racontée à mes petits-
enfants. Paris, Hachette, 1873, 3 vol.

in8, chag. rouge, tr. dor., orn. sur
les plats. 30 fr.

75 gravures par A. de Neuville, (3
premiers volumes).

753. **Guizot.** Mémoires pour servir à
l'histoire de mon temps. Paris, M Lévy, 1858, 8 vol. in-8, demi-mar.
rouge, tr. jasp. 35 fr.

Très propre.

754. **Hadriani** Beverlandi de fornica-
tione cavenda ad monitio. Sive adhor
tatio ad pudiciam et Castitatem. Juxta
exemplar Londinense, 1698, in-12,
veau fauve, anc. 12 fr.

Très rare.

755. **Hannon** (Th.). Au pays de Man-
neken-Pis. Etudes modernistes avec
43 dessins naïfs par Am. Lynen.
Bruxelles, 1883, in-8, demi-mar.
gren. avec coins, tête dor., n. rog.,
dos orné, couv. (Bretault). 10 fr.

756. **Harivansa** ou histoire de la famille de Hari, ouvrage formant un
appendice du Mahab-harata trad. du
sanscrit par A. Langlois. Paris, 1834,
2 vol. in-4, cart., n. rog. 30 fr.

757. **Hatin** (Eug.). Histoire politique
et littéraire de la presse en France
avec une introduction historique sur
les origines du Journal et la bliogra-
phie générale des journaux depuis
leur origine. Paris, Poulet-Malassis,
1859, 8 vol. in-12, percal. n. rog.
15 fr.

758. **Haussonville** (le Cte d'). Souve-
venirs et Mélanges. Paris, Lévy, 1878,
in-8, br. 5 fr.

759. **Heilly** (Georges d'). Dictionnaires
des pseudonymes. Paris, Rouquette,
1868, 1 vol. pet. in-12, demi-veau
gris, tête rouge, n. rog. 4 fr.

760. **Helyot** (le R. P.). Histoire des
ordres religieux et militaires, ainsi,
que des congrégations séculières de
l'un et de l'autre sexe qui ont été
établies jusqu'à présent. Paris, Louis,
1792, 8 vol. in-4, veau. 50 fr.

Orné de 812 figures, qui représentent
d'une manière parfaite les différents
costumes de ces ordres et de ces congrégations.

761. **Hérault** (Le). d'armes, revue il-
lnstrée de la noblesse. Paris, 1863,
gr. in-8, cart., non rogné. 6 fr.

Tome 1er, seul paru, de novembre 1861
à janvier 1863, publié à 30 fr., nombreux
blasons dans le texte.

762. **Herbelot.** Bibliothèque orientale
ou dictionnaire universel contenant
tout ce qui regarde la connoissance
des peuples de l'Orient. A Maestricht
1776, in-fol., veau brun. 25 fr.

763. **Histoire** de la papesse Jeanne, fidèlement tirée de la dissertation latine de spanheim. A la Haye, 1736, 2 vol. in-12, veau fauve, fil., fig., 20 fr.

764. **Histoire** du vieux et du nouveau Testament par (Dav. Martin), enrichie de plus de 400 figures. Amsterdam, by Pieter Mortier, 1700, 2 vol. in-fol., veau granit et milieux dorés, dos orné, tr. marb. 75 fr.

Texte hollandais.

765. **Histoire** naturelle des lépidoptères ou papillons d'Europe, par Lucas. Paris, Debure, 1834, 2 vol. Histoire naturelle des oiseaux d'Europe. Paris, Debure, 2 vol. Ensemble 4 vol. in 8, planches coloriées par Noël et Pauquet, demi-rel chag. 60 fr.

766. **Horea** Beate Marie-Virginis secundum usum Romanum totaliter ad longüsine require. Noviter impressio Parisiis per Germanum Hardouyn. (A la fin). Nouvellement iprimées à Paris par Germain Harduoyn, marchant imprimeur et libraire, s. d. Almanach de 1529 à 1545, in 8. allongé car. goth. fig., mar. br., fil comp. à froid dent. int., tr. dor. (Claenssens). 180 fr.

Edition comprenant 92 ff. non chiff. sig. A. à L. par 8 ff. et M. par 4 ff. ornée de 14 vignettes enluminées (or et couleur), initiales de même marque de l'imprimeur sur le titre. Premier f. remargé extérieurement.

767. **Hozier** (d'). Armorial général de la France. Paris, 1738, 1752, registres 1 à 4, 7 vol. in-fol. veau. (Bel exemplaire). 200 fr.

Nombreux blasons.

768. **Hugo** (Victor). Les travailleurs de la mer. Paris, 1866, 3 vol. in-8, br. 4 fr.

769. **Hugo** (Herman). Pia desideria ou les saints désirs de l'âme pieuse enrichis des emblèmes. A Cologne, chez J. de la Pierre, s. d., in-12, demi-rel. 15 fr.

Nombreuses figures de Smit.

770. **Hugo** (Victor). Notre-Dame de Paris. Paris, Eug. Renduel, 1836, in 8, veaugauffré, tr. dor., (reliure de l'époque, fatiguée). 15 fr.

Edition illustrée de 12 pl. dessinées par L· Boulanger, Alfred et Tony Johannot, Raffet, Roger et Rouargue, La pl. 7 : « Utilité des fenêtres », qui manque dans beaucoup d'exemplaires s'y trouve remontée, 1er tirage des planches. Quelques piqûres.

771. **Husson** (Armand). Étude sur les hôpitaux considérés sous le rapport de leur construction, et de la distribution de leurs bâtiments, de l'ameublement, de l'hygiène et du service des malades. Paris, Dupont, 1862, gr. in-8, br. 22 fr.

Planches.

772. **Hustin** (A.). Salon de 1891. Société des artistes français et société nationale des beaux arts. Paris, Baschet, 1891, 12 livr. in-4. 60 fr.

Épreuves en 2 états, en noir et en bistre. Exemplaire sur papier du Japon. Publié à 150 fr.

773. **Hustin** (A.). Salon de 1892. Société des artistes français et société nationale des beaux-arts. Paris, Baschet, 12 livr. in-4. 60 fr.

Epreuves en 2 états, en noir et en bistre. Exemplaire sur Japon. Publié à 150 fr.

774. **Hypnerotomachie** ou discours du songe de Poliphile. déduisant comme amour, le combat à l'occasion de Polia, nouvellement traduict de langage italien en françois. Paris, Jacques Kerver, 1561, in-fol., titre avec encadr., nombr. figures et vignettes gravées sur bois, lettres ornées, v. ant. marb., dos orné.(Krafft.) 200 fr.

Troisième édition de cette traduction du Poliphile, orné de jolies gravures sur bois, attribuées soit à Jean Goujon soit à Jean Cousin.
Quelques raccommodages.

774 bis. **Ideville** (Cte Henry d'). Les châteaux de mon enfance. (Auvergne et Bourbonnais). Paris, au bureaux de Paris Gravé, 1877, gr. in-8, chag. rouge avec coins. non rog. 10 fr.

10 eaux-fortes de Martial.

775. **Il cavallerizzo** di Claudio corte da Pavia, nel qual si tratta della natura de' cavalli delle razze, del modo di governali, domarli et frenarli, et di tutto quello, che a cavalli e a buon cavallerizzo s'appartiene Venetia Zilletti, 1573, in-4. vélin. 30 fr.

776. **Infortunée** (L') Sicilienne, histoire et aventures galantes et tragiques d'Adélaïde de Messina. Paris, Cailleau, 1768, 2 vol. in-12, cart., figures. 5 fr.

777. **Instruction** concernant l'administration de l'œuvre des Messieurs, établie pour le soulagement des pauvres dans la paroisse d'Ainay. Lyon, Imprim. de Perisse, 1773, in-12, veau. 5 fr.

778. **Instructions** pour les arbres fruictiers par M. R. T. P. L., s. m.

Rouen, Cl. Malassis, 1659, pet. in-12,
dem. mar. vert, tr. rouge.   2 fr. 50

Le titre a été fortement lavé

779. Isographie des hommes célèbres ou collection de fac-simile de lettres autographes et de signatures, exécutée et imprimée par Th. Delarue lithog. sous les auspices de MM. Bérard de Chateaugiron, Duchesne, Thémisot et Berthier. Paris, Delarue, 1843, 4 vol. in-4, demi-rel. veau, non rog.   85 fr.

780. Issali (Jean). Les Plaidoyez et harangues de Monsieur Le Maistre, avocat au parlement, donnez au public par Jean Issali. A Paris, 1660, in-4, mar. r., tr. dor. (Rel. anc.)   8 fr.

781. Jaillot. Recherches critiques, historiques et topographiques sur la ville de Paris, depuis les commencemens connus jusqu'à présent. Paris, Le Boucher, 1782, 6 tomes en 3 vol. in-8, et atlas in-4, demi-veau fauve   85 fr.

25 planches et une carte montés sur onglets.

782. Journal d'agriculture pratique de jardinage et d'économie domestique, 2e série publié sous la direction de M. Bixio de l'origine 1837 à fin 1866, 45 vol. gr. in-8, les 29 premiers vol. sont en demi-rel. le reste en livraisons.   75 fr.

783. Koning (Jac.). Dissertation sur l'origine, l'invention, et le perfectionnement de l'imprimerie. Amsterdam, Delachaux, 1819, in-8, demi-veau fauve tr. jasp.   7 fr.

6 planches.

784. Labiche et Gondinet. Le plus heureux des trois, comédie en trois actes. Paris, Dentu, 1870, in-12, demi-percal., n. rog., couv.   4 fr.

785. Labitte (Alph.). Les manuscrits et l'art de les orner. Paris, Mendel, 1892, 1 fort vol. in-8, jésus, br.   20 fr.

Ce bel ouvrage est divisé en trois livres : 1° aperçu général sur les manuscrits et leur ornementation à toutes les époques ; 2° Descriptions, fac-similé et spécimens de manuscrits depuis le VIIIe siècle ; 3° Enluminure moderne.
300 reproductions de miniature, encadrements, bordures, initiales et écritures acompagnent le texte.

786. La Bruyère. Les caractères de Théophraste. De l'imprimerie de la Société littéraire typographique, 1783, in-8, veau fauve, fil., tr. dor.   6 fr.

787. La Chapelle (le Cte de). OEuvres posthumes, autographes inédits de

Napoléon III en exil, recueillis et coordonnés. Paris, Lachaud, 1873, gr. in-8, br.   5 fr.

Publié à 20 fr.

788. La Chenaye (Albert de). Dictionnaire militaire ou recueil alphabétique de tous les termes propres à l'art de la guerre, sur ce qui regarde la tactique, le génie, l'artillerie, la subsistance des troupes et la marine. Paris, David, 1745, 3 vol. in 12, veau fauve.   12 fr.

789. Lacordaire (P.) Correspondance inédite. Lettres à sa famille et à des amis. Paris, V. Palmé, 1870, in-8. demi-chag. vert, port.   3 fr.

790. La Fontaine. Contes et nouvelles en vers. Paris, Leclère, 1861, 4 vol. in-12, pap. de Hollande, demi-rel. mar. rouge avec coins, tête dor., n. rog.   50 fr.

Illustrations de Duplessis-Bertaux.

791. La Fontaine. Fables choisies. Lausanne, 1792, 4 vol. in-8, demi-veau avec coins, n. rog.   20 fr.

246 figures non signées.

792. La Fontaine. Fables. Paris, Didot, an X, 1802, 2 tomes en 1 vol. in-fol., demi-rel. mar. rouge, n. rog.   50 fr.

Exemplaire en papier vélin contenant les 12 jolies vignettes de Percier, gravées par Duplessis-Bertaux, tiré à 250 exemplaires.

793. La Fontaine. Fables. Notices par M. Poujoulat. Tours, Mame, 1875, gr. in-8, mar rouge, fil., dent. int., tr. dor., dos orné.   45 fr.

50 gravures et un portrait à l'eau-forte par V. Foulquier.

794. La Fontaine. Les Amours de Psyché et de Cupidon, suivies d'Adonis, poème. Paris, Leclère. 1863, 2 vol. in-12, br., couv.   45 fr.

Portrait. Figures de Moreau, gravées par Delvaux.

795. Lafont d'Aussonne. Mémoires secrets et universels des malheurs et de la mort de la reine de France. Paris. 1836, 2 vol. in-8, br.   3 fr.

796. La Guerinière Ecole de cavalerie contenant la connoissance, l'instruction et la conservation du cheval. Paris, 1736, 2 vol. in-8, port. et planches demi-rel. v. br. n. rog.   40 fr.

Nombreuses planches.

797. La Harpe. Tangu et Félime, poème en 4 chants. Paris, chez Pissot, 1870, pet. in-8, veau marb., dos orné.   45 fr.

Et de Livres anciens et modernes

1 titre gravé par Marillier et 4 très jolies figures par Marillier, gravées par Dambrun, de Ghendt, Halbou et Ponce.

798. Lainé. Archives généalogiques et historiques de la noblesse de France. Paris, l'auteur, 1828-1850, 11 vol. in-8, demi-rel. chag.   300 fr.

Nombreux blasons, ouvrage très rare.

799. Lamartine. (A. de). OEuvres complètes, publiées et inédites. Paris, chez l'auteur, 1862, 41 vol. in-8, demi-mar. vert, tête dor., n. rog.   275 fr.

Bel exemplaire.

800. Lance (Adolphe). Dictionnaire des architectes français. Paris, Morel, 1872, 2 vol. gr. in-8, demi-veau fauve, tr. jasp.   15 fr.

801. Laplane (de). Essai sur l'histoire municipale de la ville de Sisteron. Paris, 1840, in-8, cart. toile, non rogn.   4 fr.

Cartes et fac-simile.

802. Laurent (J.). Abrégé pour les arbres nains et autres, contenant tous ce qui les regarde, tiré en partie des derniers auteurs. Avec un traité très particulier pour les bons melons, et aussi un traité général et singulier pour la culture de toutes sortes de fleurs, et aussi pour faire et conduire une grosse vigne. Paris, 1678, pet in-12, demi-mar. vert, tr. rouge. 3 fr.

803. Laurière (de). Ordonnance des roys de France de la troisième race recueillies par ordre chronologique Paris, de l'imprimerie royale 1723-1760, 11 vol. in-fol. veau.   120 fr.

804. Lavallée (Th.). La famille d'Aubigné, et l'enfance de Mᵐᵉ de Maintenon. Suivi des mémoires de Longuet de Gercy sur Mᵐᵉ de Maintenon et la cour de Louis XIV, Paris, Plon, 1863, in-8, demi percal., n. rog., couv.   5 fr.

805. Lavallée (Théophile). Histoire des Français depuis le temps des Gaulois jusqu'en 1848. Paris, Charpentier, 1861, 6 vol. in-8, demi-rel. chag. bleu, tête dor., n. rog.   45 fr.

806. Lebeuf (Jean). Histoire de la prise d'Auxerre par les Huguenots et de la délivrance de la même ville les années 1567 et 1568, avec un récit de ce qui a précédé et ce qui a suivi ces deux évènemens ; précédée d'une préface sur les antiquités d'Auxerre. Auxerre, J.-B. Troche, 1723, pet. in 8, veau.   40 fr.

Un des ouvrages les plus rares de ce savant laborieux. Notre exemplaire contient les pièces justificatives qui manquent souvent. Bel exemplaire grand de marges.

807. Légende dorée ou sommaire de l'histoire des frères mendiants de l'ordre de Dominique et de François, comprenant briefvement et véritablement l'origine, le progrez, la doctrine et les combats d'iceux ; tant contre l'Eglise gallicane, principalement que côtre les papes et entr'eux mesmes depuis quatre cens ans. A Leyden. Pour Jean le Maire, 1608, in-8. mar. violet, dent. int., tr. dor., orné sur les plats.   40 fr.

Raccommodage au titre.

808. Légende (la). joyeuse ou les cent une leçons de Lampsaque. Londres. chez Pynne, 1749, in-32, demi-rel. v. ant.   25 fr.

1 eau-forte allégorique et une jolie vignette, non signées, texte gravé. Exemplaire ayant appartenu à M. Adam Horn, avec sa signature et cachet sur le titre.

809. Le Laboureur. Les Masures de de l'abbaye royale de l'Isle Barbe-les-Lyon ou recueil historique de tout ce qui s'est fait de plus mémorable en cette église depuis sa fondation jusqu'à présent. A Lyon, chez Claude Galbit, 1665-1681, 2 vol. pet. in 4, veau.   120 fr.

Notre exemplaire n'a pas les ff. préliminaires et les additions au tome 1ᵉʳ.

810. Le Maire et l'abbé **Aubert.** Les Traits de l'histoire universelle, sacrée et profane, d'après les plus grands peintres et les meilleurs écrivains. Amsterdam, Fouquet le jeune, et Paris, Le Maire, 1760, 2 vol. in-8, texte gravé, v. marb,, tr. marb.   20 fr.

300 planches gravées.

811. Lemercier de Neuville. Nouveau théâtre des Pupazzi, 3ᵉ édition. Paris, Hilaire, 1882, in 12, demi-mar. rouge, tête dor., n. rog.   5 fr.

Figures hors texte.

812. Lenoble. La Rapinéide ou l'atelier, poème burlexo-comico-tragique en 7 chants par un ancien rapin. Paris, Barraud, 1870, pet. in-8, demi-chag. rouge, tr. jasp., couv.   5 fr.

Eaux-fortes.

813. Le Pays. Les Nouvelles OEuvres de M. Le Pays. Amsterdam chez Abrah. Wollgang, suivant la copie de Paris, 1687, 2 tom. en 1 vol. pet. in-12, front. gr., mar. r., dos orné, encad. de fil., dent. int., tr. dor. (Thompson)..   10 fr.

Willems, n° 1881. — Haut. 130 millim.

814. Lettres d'Abailard et d'Héloïse, traduites sur les manuscrits de la bibliothèque royale par E. Oddoul, précédées d'un essai historique par M. et Mme Guizot. Paris Houdaille, 1839, 2 vol. gr. in-8, demi-mar. lavall, tête dor. n. rog. (Raparlier). **12 fr.**

Edition illustrée par Jean Gigoux.

815. Lettres de Henri VIII à Anne Boleyn, avec la traduction, précédées d'une notice historique sur Anne Boleyn. Paris, imp. Crapelet. s. d., gr. in-8, demi-mar. rouge, tête dor. n. rog., port. **10 fr.**

De la collection Crapelet.

816. Lettres de Mademoiselle Aïssé à Mme C***, qui contiennent plusieurs anecdote de l'histoire du temps depuis l'année 1726, jusqu'en 1733. Lausanne, 1788, in-12, demi-chag. rouge, tête jasp. n. rog. **3 fr.**

Portrait remonté.

817. Lettres d'Horace Walpole, depuis Comte d'Orford, à Georges Montagu membre du parlement d'Angleterre et secrétaire particulier de lord North, depuis l'année 1736, jusqu'en 1770. Paris, 1818, in-8, cart. n. rog. **3 fr.**

818. Lettres d'un docteur Allemand de l'université catholique de Strasbourg à un gentil-homme protestant sur les six obstacles au salut qui se rencontrent sur la religion Lutherienne, Strasbourg. Fr. Le Roux, 1730, 2 vol. in-4, veau mar. **8 fr.**

819. Lettres et les Arts (Les). Revue illustrée. Paris, Boussod et Valadon, 1889, in-4, br. **10 fr.**

4e année. Novembre 1889.. Cette livraison contient : la lutte pour la vie par A. Daudet. — L'homme dans Em. Augier. — Xavière, (4e et dernière partie). — La duchesse du Maine (1re partie).

820. Lettres et pièces intéressantes pour servir à l'histoire du ministère de Roland, Servan et Clavière. Paris, 1792, in-8, demi-percal. **2 fr.**

821. Lettres originales de Mme la comtesse Du Barry, avec celles des princes, seigneurs, ministres et autres qui lui ont écrit et qu'on a pu recueillir Londres, 1779, in-12, demi-veau. **3 fr.**

822. Lettres sur la Suisse écrites en 1820, suivies d'un voyage à Chamoumy et au Simplon. Paris, Nepveu, 1822, 3 vol. in-8, veau rac. **6 fr.**

823. Lettres sur l'Italie en 1785, Rome et Paris, 1788, 2 tomes rel. en 1 vol. in-8, demi-veau. **3 fr.**

824. Liger (L.). Amusemens de la campagne, ou Nouvelles ruses innocentes, qui enseignent la manière de prendre aux pièges toutes sortes d'oiseaux et de bêtes à quatre pieds. Paris, Savoye, 1753, 2 tomes en 1 vol. in-12, fig. sur bois, bas brune. **15 fr.**

A la fin, un glossaire de tous les termes de chasse, vènerie et fauconnerie..

825. Linguet. Mémoires de Linguet sur la Bastille et de Dusaulx, sur le 14 Juillet avec, des notices et des éclaircissemens historiques par MM. Berville et Barrière. Paris, Baudouin, 1821, in-8, veau rac. **5 fr.**

826. Livre d'heures de la Reine Anne de Bretagne, trad. du latin et accompagné de notices inédites par M. l'abbé Delaunay. Paris, Curmer, 1861, 2 vol. in-4, pl. coloriées, mar. lavall. dos ornés, orn. et armes sur les plats tr. dor. **450 fr.**

Reproduction très exacte du superbe manuscrit de la reine Anne de Bretagne qui se trouve aujourd'hui à la bibliothèque nationale quelques moisissures aux derniers feuillets de chaque volume.

827. Livre Journal de Lazare Duvaux, marchand bijoutier ordinaire du roy 1748-1758, Paris, pour la société des bibliophiles françois, 1873, 2 vol. in-8, br. (pap. de Holl.). **40 fr.**

828. Locke. Le christianisme raisonnable, tel qu'il nous est représenté dans l'Ecriture Sainte, traduit de l'anglais par Coste. Amsterdam 1740, 2 vol. in-12, demi-veau, portrait. **3 fr.**

On a joint à cette édition une dissertion sur la religion des Dames.

829. Longus. Les amours pastorales de Daphnis et Chloé, (traduction d'Amyot) s. l., (Paris), 1731, in-12. fig. mar. vert., dos orné fil. tr. dor., (Dérome). **100 fr.**

Très joli exemplaire bien relié, figures gravées par Audran, d'après les tableaux de Philippe d'Orléans.

830. Lorédan Larchey. Les cahiers du capitaine Coignet, 1776-1850, publiés d'après le manuscrit original. Paris, Hachette, 1888, in-4. demi-mar. lavall, avec coins, tête dor., n. rog. **35 fr.**

Illustrations par J. Le Blant.

831. Lorris (G. de) et **Jean de Meun** Le Roman de la Rose. Amsterdam, chez J. Bernard, 1735, 3 vol. in-12, mar. vert, fil., dos ornés, tr. dor. (Rel. anc.) **60 fr.**

832. Louïze Labé. OEuvres de Louïze Labé lionnoize. A Lion, par Durand, et Perrin, 1824, in-8. demi-mar. lavall, avec coins, tête de r., n. rog. 12 fr.

833. Mac Carthy. Choix de voyages dans les quatre parties du monde ou précis des voyages les plus intéressans, fait par terre et par mer, entrepris depuis l'année 1806, jusqu'à ce jour. Paris, 1821, 8 vol. in-8, demi-veau. 10 fr.

Figures et cartes.

834. Machiavel. La Mandragore. Paris, Liseux, 1887, in-16, papier de Hollande. br. 5 fr.

Les Italiens semblent se ressouvenir de quelques-uns de leurs vieux chefs-d'œuvre dramatiques, qu'une pruderie exagérée avait presque laissé tomber dans l'oubli et que depuis plus de trois cents ans on ne connaissait que par la lecture. On a joué cet hiver à Turin et à Florence la Mandragore. de Machiavel, la Colandra. de Bibiena, Il Marescalco de P. Aretin. Il Caudelaio, de G, G. Bruno. L'annonce que les journaux en ont faite aurait, selon toute probabilité, passé inaperçue en France si elle n'avait été suivie de cette prohibition caractéristique : « *Les dames ne pourront assister qu'en masque à ces représentations.*

835. Mage (E.). Voyage dans le Soudan Occidental (Sénégambie-Niger). Paris, Hachette. 1868, in-8, demi-chag. rouge, plats toile, tr. dor. 5 fr.

81 gravures sur bois, cartes et plans.

836. Malaval de Marseille. Poésies spirituelles, où l'on apprend à s'élever à Dieu par N. S. Jésus-Christ... Cologne, Jean de La Pierre, 1736, in-12, frontispice de B. Picart, maroq. rouge, fil., tr. dor. (Ancienne reliure). 12 fr.

837. Malherbe OEuvres choisies, avec des notes de tous les commentateurs, édition publiée par L. Parrelle, Paris, Lefèvre, 1825, 2 vol. in-8, demi-veau rose. tr. peig. port. (Ginain). 12 fr.

838. Malingre (Claude). De la Gloire et Magnificence des anciens. Enrichie de belles antiquitez recueillies de plusieurs bons autheurs et graves historiens. Ouvrage divisé en trois livres. Paris, Pierre le Mur, 1612, pet. in-8, mar. rouge jans. dent int., tr. dor. (Hardy). 18 fr.

839. Malthe (F. de). Traité des feux artificels pour la guerre et pour la recreation, avec plusieurs belles observations, abregez de géométrie, fortifications, horloges solaires et exem-

ples d'Arithmétique. Paris, C. Besongue, 1840, in-12, veau. 10 fr.

Frontispice et figures dans le texte.

840. Mansuet Jeune (le R. P.). Histoire critique et apologétique de l'ordre des chevaliers du temple de Jérusalem dits templiers. Paris. Guilllot, 1789, 2 tomes en 1 vol. in-4, veau. 8 fr.

Avec le portrait colorié du ehevalier de cet ordre en costume de guerre.

841. Mantz (Paul). Les chefs-d'œuvre de la peinture Italienne. Paris. Didot, 1870, in-fol. perc. n. rog. 55 fr.

30 planches sur bois 40 culs-de-lampe et 20 planches chromolithophiques exécutées par Kellerhoven.

842. Maquet (Aug.) Deux trahisons. Paris, Desessart, 1844, 2 vol. in-8, demi-veau vert tr. jasp. 6 fr.

843. Marchamont Needham. De la souveraineté du peuple et de l'excellence d'un état libre. Paris, Lavillette, 1790, 2 vol. in-8, demi-veau. 3 fr.

844. Marchand (Jean-Henri). Le Vindanger sensible drame en trois actes et en prose. Réimprimé sur l'exemplaire de la collection Ménétrier avec une notice par Lucien Faucon. Paris, Moniteur du bibliophile 1880, in-4, demi-m r. lavall. tête dor. n. rog. papier teinté. 4 fr.

845. Marc-Monnier. Genève et ses poètes du xvi siècle à nos jours. Paris, 1874, in-8, br. 4 fr.

846. Marine militaire ou recueil des différens vaisseaux qui servent à la guerre, suivis des Manœuvres qui ont le plus de rapport au combat ainsi qu'à l'attaque et à la défense des Ports. Paris, gr. in-8, cart. 10 fr.

49 planches dessinées et gravées par Ozanne.

847. Marivaux. Vie de Marianne ou les avantures de Mme la Ctesse De*** Londres (Cazin), 1787, 4 vol. in-18, veau fil. tr. dor.. (rel. ancienne). 20 fr.

4 jolis frontispices par Chevaux, gravés par Duponchel.

848. Marot (Jean). Recueil des plans, profils et élévations de plusieurs palais, chasteaux, églises, sepultures, grotes et hostels ? batis dans Paris et aux environs. Paris, s. d. in-4, veau brun. 120 fr.

Titre et 107 planches première édition.

849. Marot. OEuvres de Clément Marot de Cahors, valet de chambre du

Roy, reveues et augmentées de nouveau. La Haye. Adrian. Moetjens, 1700, 2 vol. pet. in-12 mar. rouge, dos ornés fil. tr. dor., (reliure ancienne).   200 fr.

Excellente reliure de Boyet, jolie édition la plus recherchée, haut. 131 mill.

850. **Marottes** à vendre ou Triboulet tabletier, dont la Gibecière, après avoir été égarée pendant plusieurs siècles nous est enfin heureusement parvenue munie d'un rare assemblage de hochets, breloques, colifichets et babiole, etc. Au Parnasse burlesque, ex officina de la banque du bel esprit, etc. (Londres, Harding et Wright, s. d.), in-12, pap. vélin, v. brun, fil. tr. marb.   12 fr.

851. **Marryat** (J.). Histoire des poteries, faïences et porcelaines. Paris, J. Renouard, 1866, 2 vol. in-8 fauve, tr. jasp.   25 fr.

Figures dans le texte.

852. **Martin** (Henri). Daniel Manin. précédé d'un souvenir de Manin par Ernest Legouvé. Paris, Furne, 1859, in-8, demi-mar. vert n. rog., port. 4 fr.

853. **Maugras** (Gaston). Les Demoiselles de Verrières, Paris, C. Lévy, 1890, in-8, percal. n. rog., couv.   15 fr.

2 portraits, exemplaire en grand papier de Hollande.

854. **Maupin.** Nouvelle méthode de cultiver la vigne dans tout le royaume, plus économique et plus favorable à la perfection du vin, que la méthode ordinaire. Paris, chez Musier, 1763, in-12, veau.   3 fr.

855. **Maurice J. B.** Le Blason des armoiries de tous les chevaliers de l'ordre de la Toison d'or, depuis la première institution jusqu'à présent avec leurs noms, titres et cartiers. La Haye, 1665, in-8, demi-rel., veau vert.   50 fr.

Nombreux blasons, raccomodages aux premiers feuillets.

856. **Mélanges** de diverses médailles pour servir de supplément aux recueils des médailles de rois et de villes. Paris, chez Guérin et Delatour, 1765, 2 vol. in-4, br.   15 fr.

32 planches de médailles.

857. **Mélanges littéraires** du XVIᵉ siècle savoir 1° : la vie de l'homme poëme de 1509 et la destruction de Jérusalem, légende de la même époque avec remarques par Mermet aîné. Vienne, 1838. — 2° : Huit sonnets inédits de Joachim du Bellay, gentilhomme angevin pub. par Anat.

de Montaiglon. Paris, 1849. — 3° : mélanges de littérature — le palais des Dames — 4° : Poëme inédit de Jehan Marot publie d'après un manuscrit de la bibliothèque impériale avec introduction et notes par Guiffrey. Paris, Renouard, 1860. — 5° : la ruelle mal assortie, dialogue d'amour, entre Marguerite de Valois et sa bête de somme. — 6° de la police des livres au XVIᵉ siècles, livres et chansons mis à l'index par l'inquisiteur de la province ecclésiastique de Toulouse, (1548-1549), par de Fréville. Paris, 1853, ensemble 1 vol. in-8, demi-veau.   5 fr.

858. **Mellin de S. Gelais.** OEuvres poétiques, nouvelle édition, augmentée d'un très grand nombre de pièces latines et françoises. A Paris, 1719, in-12, mar. rouge, jans, dent. intér. tr. dor.   35 fr.

Exemplaire réglé.

859. **Mémoires** de S. A. A. Louis-Antoine-Philippe d'Orléans duc de Montpensier, prince du Sang, 2ᵉ édition. Paris, Baudouin, 1824, in-8, veau.   3 fr.

860. **Mémoires** historiques et militaires sur Carnot, rédigés d'après ses manuscrits, sa correspondance inédite et ses écrits précédés d'une notice par P. F. Tissot. Paris, Baudouin, 1824, in 8. demi-veau gris avec coins, port.   4 fr.

861. **Mémoires** historiques et authentiques sur la Bastille. Londres et Paris, Buisson, 1789, 3 vol. in-8, cart.   8 fr.

Une planche se dépliant.

862. **Mémoirs** of a Russian princess gleaned from her secret diary compled, noted and arranged by Kataunbah pasha. London, Privately printed, 1890, in-8, br.   30 fr.

Only 250 copies printed.

863. **Mémoires** (inédits) de Charles Barbaroux, député à la convention nationale avec des éclaircissemens historiques par MM. Berville et Barrière. Paris, Baudouin. 1822, in-8, demi-veau fauve, tr. marb.   3 fr.

864. **Mémoires** de S. A. S. Louis-Antoine-Philippe d'Orléans, duc de Montpensier, prince du Sang. Paris. Baudouin, 1824, in-8. demi-veau bleu, port.   3 fr.

865. **Mémoires.** La vie et les mémoires du général Dumouriez avec des notes et des éclaircissemens historiques par MM. Berville et Barrière.

Et de Livres anciens et modernes

Paris, Baudouin, 1822, 4 vol. in-8, demi-veau fauve, tr. marb. 20 fr.

Portrait et une figure de Horace Vernet sur chine collé. Bel exemplaire.

866. **Méray** (Antony). La vie au temps des cours d'amours, croyances, usages et mœurs intimes dès XI, XII et XIIIe siècles, d'après les chroniques, gestes, jeux, partis et fabliaux. Paris, Claudin, 1876, in-8, br. 10 fr.

Exemplaire sur gr. papier de Hollande.

867. **Merle** (J.-T.). Anecdotes historiques et politiques pour servir à l'histoire de la conquête d'Alger en 1830. Paris, Dentu, 1831, in-8, demi-veau vert. 2 fr.

868. **Messie** (Pierre). Les diverses leçons de, mises de castillan en françois, par Cl. Gruget, parisien, plus la suite de celles d'Ant. Du Verdier, S. de Vauprivas. Tournon, par Cl. Michel, impr. de l'Université, 1610, pet. in-8, mar. n. de Lev., à nerfs, mors en mar., dent. int., tr. dor. 30 fr.

Piqûre dans la marge.

869. **Mezeray**. Histoire de la mère et du fils, c'est-à-dire de Marie Médicis, femme du grand Henri, et mère de Louis XIII. Amsterdam, Le Cène, 1731, 2 vol. in-12, v. fauve. 5 fr.

870. **Michelet** (J.) Histoire de France. Nouvelle édition, revue et augmentée. Paris, Lacroix, 1876, 17 vol. — Histoire de la Révolution. Paris, Lacroie, 1876, 6 vol. — Ensemble 23 vol, in-8, br. 45 fr.

871. **Moine Sécularisé** (Le). A Cologne, chez P. du Marteau, 1675, in-12, veau front. 2 fr.

872. **Molière**. Œuvres. Nouvelle édition par M. de Voltaire, avec de très belles figures en tailles-douces. Amsterdam et Leipzig, Arkstée et Merkus, 1765, 6 vol. in-12, front., fleurons et figures, par Punt, mar. rouge, dos orné fil, dent. int., tr. dor. (Belz-Niédrée.) 150 fr.

Bel exemplaire.

873. **Molière**. Œuvres avec commentaire par Auger. Paris, Desoer, 1819, 9 vol. gr. in-8, pap. vélin, demi-rel. mar. rouge, dos ornés, coins, tête dor. non rog. 220 fr.

On a ajouté la suite des figures de Moreau de l'édition de 1773, (remontée) et la suite de Moreau le jeune.

874. **Mollien** (G.). Voyage dans l'intérieur de l'Afrique aux sources du Sénégal et de La Gambie fait en 1818, par ordre du gouvernement françois. Paris, 1820, 2 vol. in-8, veau rac. 6 fr.

Cartes et vues, dessinées par Amb. Tardieu.

875. **Montaigne**. Les essais, nouvelle édition. Amsterdam, chez A. Michiels, 1659, 3 vol. in-12, mar. rouge, dos orné, fil., tr. dor., port. 100 fr.

876. **Montbel** (de). Le duc de Reichstadt. Paris, Le Normant, 1832, in-8, demi-veau vert. 4 fr.

877. **Montfaucon**. Les monuments de la Monarchie Françoise qui comprennent l'histoire de France, avec les figures de chaque règne. Paris, Gandouin, 1729, 5 vol. veau brun. 220 fr.

Nombreuses gravures.

878. **Montfaucon**. L'antiquité expliquée et représentée en figures. Paris, Delaulne, 1719, 5 tomes en 10 vol. in-fol., supplément 1724, 5 vol. fig. — Les monuments de la monarchie française, avec les fig. de chaque règne. Paris, 1729-33, 5 vol. in-fol. Ens. 2 vol. in-fol., veau, dos ornés, dent., tr. marb. 600 fr.

Exemplaire en grand papier.

879. **Montulé** (Ed. de). Voyage en Angleterre et en Russie pendant les années 1821, 1822 et 1823. Paris, Bertrand, 1825, 2 vol. in-8, de texte, veau rac. et atlas in-4, demi-veau. 8 fr.

L'atlas contient 29 planches gravées ou lithographiées.

880. **Morgan** (Lady). L'Italie traduit de l'Anglais. Paris, P. Dufart, 1821, 4 vol. in-8, demi veau. 5 fr.

881. **Morin**. Remarques nécessaires pour la culture des fleurs. La manière avec laquelle il les faut cultiver et les ouvrages qu'il faut faire selon chaque mois de l'année. Avec une méthode facile pour faire toutes sortes de palissades, bosquets, etc. Nouvelle édition augmentée d'un traité des œillets. Paris, 1667, pet. in-12, demi-mar. vert., tr. rouge, front. 4 fr.

882. **Mouradja d'Ohsson**. Tableau général de l'empire Ottoman, divisé en deux parties, dont l'une comprend la législation Mahométane, l'autre l'histoire de l'empire Ottoman, dédiée au roi de Suède. Paris, imp. de Monsieur, 1787, 2 vol. in-fol. demi-mar. rouge de l'époque, avec coins, n. rog. 75 fr.

Les tomes 1 et 2 contenant 127 figures dont plusieurs pliées par Cochin, Le Barbier, de Lespinasse, Moreau le jeune, Quéverdo, Tonzé, etc.

883. **Mouton** (Eug.). Zoologie morale. Paris, Charpentier, 1881, in-8, carré demi-percal.. tête peig. eb. couv. front. 5 fr.

884. **Morin** (Jacq. Les Armes et blasons de l'Ordre du Saint-Esprit, créez par Louys XIII, roy de France et de Navarre, par Jacques Morin, sieur de la Masserie. Paris, Pierre Firens, s. d. (1623), in-4, titre gr., fig. vél. tr. dor., (rel. anc.). 60 fr.

Ouvrage orné de 79 planches de blasons grav. en taille-douce.

885. **Morin.** Instruction facile pour connoistre toutes sortes d'orangers et citronniers ; qui enseigne aussi la manière de les cultiver, semer, planter, greffer, etc. A Paris, chez Ch. de Sercy, 1680, pet. in-12, mar. vert, janséniste tr. dor. (Belz-Niedrée). 25 fr.

886. **Murailles** (Les) révolutionnaires, collection complète des professions de foi, affiches, décrets, bulletins etc. (Paris et les départements). Paris, Bry, 1856, 2 part. en 1 vol., demi-veau. viol., tr. jasp. 7 fr.

887. **Muret** (Théodore). L'histoire par le théâtre, (1789-1851). Paris, Amyot, 1865, 3 vol, in 8, demi-veau fauve. 7 fr.

888. **Musée** ou Magasin comique de Philipon, contenant près de 800 dessins, par Cham, Daumier, Gavarni, Grandville, Plattier, Trimolet, Vernier et autres. Texte par Bourget, Cham. L. Huart, Ch. Philipon, etc. Paris, Aubert et Cie s. d. (1842), 2 tomes en 1 vol. in-4, demi- rel. bas. (Rel. fatiguée). 60 fr.

889. **Musset.** OEuvres. Paris, Charpentier, 1856-1867, 9 vol. in 12, demichag. rouge. tr jasp. 28 fr.

Comprenant : Premières poésies, 1 vol. — Contes, 1 vol. – Nouvelles poésies, 1 vol. — Nouvelles poésies, 1 vol. — Confession d'un enfant du siècle, 1 vol. — OEuvres posthumes. 1 vol. — Nouvelles, 1 vol. — Comédies et proverbes, 2 vol. – Mélanges, 1 vol.

890. **Nadaud** (G.). Recueil de chansons. Paris, Garnier, 1849, in-12, br. couv. 10 fr.

Très rare.

891. **Nadaud** (Gust.) Chansons populaires. Paris, Jouaust, 1879, 3 vol. in-12, demi-mar. gren. avec coins. tête dor., n. rog., couv. 30 fr.

Eaux-fortes par Edm. Morin. Bel exemplaire.

892. **Narjoux** (Félix). Les écoles publiques, construction et installation en Belgique, en Hollande, en Suisse, en France et en Angleterre. Paris, Morel, 1878-79, 3 vol. gr. in-8. br. 10 fr.

Figures dans le texte.

893. **Naudé.** Apologie pour les grands hommes soupçonnez de magie, dernière édition où l'on a ajouté quelques remarques. Amsterdam, 1712, in-12, mar. rouge, fil., tr. dor, dos orné, (rel. anc.) 20 fr.

Frontispice gravé, très-rare.

895. **Necker.** Compte rendu au roi, Paris, Imprimerie du cabinet du roi, 1781, pet. in 4, veau. 4 fr.

Port. gravé par Le Clerc une quantité de pages manuscrites d'une très bonne écriture ont été ajoutées, cartes coloriées

896. **Néel** (Balthazar). Voyage de Paris à St-Cloud par mer et par terre. suivi du retour par Aug.-Martin Lottin. Rouen, Augé, 1878, gr. in-8, percal. blanche, n. rog. 15 fr.

12 jolies eaux-fortes par Jules Adeline. Encadrements rouges et noirs.

897. **Nefftzer**. (A.). OEuvres. Paris, Librairie du Temps, 1886, in-8, br. 2 fr. 50

Portrait par Mme Helm Nefftzer gravures d'Abot.

898. **Népomucène Lemercier.** Comédies historiques. Paris, Dupont, 1828. br. n. rog. 5 fr.

Edition originale.

899. **Newcastle** (G.) Cavendish) Méthode et invention nouvelle de dresser les chevaux, œuvre auquel on apprend à travailler les chevaux selon la nature et parfaire la nature par la subtilité de l'art. London, J. Brindley, 1737, in-fol., veau, (rel. un peu fatiguée.) 200 fr.

Ouvrage recherché pour les 43 belles planches, quelques mouillures

900. **Niebuhr** (C.). Voyage en Arabie et en d'autres pays circonvoisins. Traduit de l'Allemand. Amsterdam, 1776, 2 vol. in-4, veau. 15 fr.

124 planches et 1 carte.

901. **Niecamp** (Jean-Lucas). Histoire de la mission Danoise dans les Indes-Orientales. Genève, Al. Gosse, 1745, 3 tomes en 1 vol. in-8, demi-veau fauve, n. rog. 4 fr.

902. **Nisard.** Etudes de mœurs et de critique sur les poëtes latins de la décadence. Paris, Hachette, 1840. 2 vol. in-8, demi-veau fauve avec coins, tr. marb. 8 fr.

903. Nisard (Désiré). Souvenirs et notes biographiques. Paris, Lévy, 1880, 2 vol. in-8, br.   6 fr.

Portrait gravé à l'eau-forte

904. Nodier (Charles). Contes. Paris, Hetzel, 1846, gr. in-8, demi-percal. ébarbé.   15 fr·

Premier tirage. 8 eaux-fortes de Tony Johannot. Quelques piqûres.

905. Nodier (Ch.). Bibliothèque sacrée, grecque-latine. Par s, 1826, in-8, veau.   5 fr.

906 Noéi borguignon de Gui Barôzai, cinquième édicion, revue et augmentée de lai note de liiflr de chécun dé Noei. An Bregogne, 1738, in-12, veau, ant.   5 fr.

907. Noël (Eug.). La vie des fleurs, précédée d'une préface par P. J. Stahl. Paris, Hetzel, s. d., gr. in-8, demi-mar. vert avec coins, n. rog.   16 fr.

Vignettes par Yan' Dargent.

908. Nœl du Fail. Les contes et discours d'Eutrapel, s. l., 1732, 2 vol. — Discours d'aucuns propos rustiques, facocieux et de singulière récréation, ou les ruses et finesses de Ragot, capitaine des Gueux, etc., s. l., 1732, 1 vol. — Ensemble, 3 vol., pet. in-12, veau fauve, fil , dent. int. tr. dor.   20 fr.

909. Noël et **De La Place.** Leçons françaises de littérature et de morale. Paris, Le Normant, 1832, 2 forts vol. in-8, veau rac.   2 fr.

910. Normandy (le Mis de). Une année de Révolution d'après un journal tenu à Paris, en 1848. Paris, Plon, 1858, 2 vol. in-8, br.   5 fr.

911. Norvins (de). Histoire de Napoléon. Paris, Furne, 1838. 4 vol. in-8, demi-veau rose avec coins, tr. jasp.   10 fr.

Portraits, figures et cartes.

912. Olivier (Jacques). Alphabet de l'imperfection et malice des femmes... A Paris, 1630, in-12, veau rouge, tr. dor.   10 fr.

Très rare.

913. O'Meara (Barry E.). Napoléon en exil ou l'Echo de Ste-Hélène, ouvrage contenant les opinions et les réflexions de Napoléon sur les événements les plus importants de sa vie. Paris, 1822, 2 vol. in-8, dem. rel.   5 fr.

914. Othonis Vaeni. Emblemata, horatiana, imaginibus in aes incisis at que latino, germanico, gallico et bellico carmine illustrata. Amstelœ-

dami, Apud, Henricum Wetstenuuui. Relié bradel.   10 fr.

100 figures gravées, manque une page à la préface.

915. Ovide. Les métamorphoses en latin traduites en françois avec des remarques et des explications historiques, par l'abbé Banier. Ouvrage enrichi de figures en taille douc. gravées par B. Picart et autres habiles maitres. Amsterdam R. et J. Wetsteine 1732, 2 tomes en 1 vol. in-fol. mar, rouge, fil. dos orné, dent. int. tr. dor., (rel. anc.).   150 fr.

Bel exemplaire contenant les trois grandes planches imprimées separément et qui manquent souvent.

916. Ovide. Fables choisies, tirées des métamorphoses d'Ovide, gravures de Bernard Picart et d'après Lebrun, texté par René Ménard. Paris, A. Lévy, 1878, 2 vol. in-4, fig., demi-mar. rouge, coins, tête dor.   80 fr.

Très belle édition ornée de 80 figures hors texte.

917. Palustre (Léon). La Renaissance en France. Paris, Quantin, 1879-1885, 3 vol. in-fol., cart.   225 fr.

Nombreuses gravures sous la direction d'Eugène Sadoux, publié à 375 fr.

918. Paradin de Cuyseaulx (Guillaume). Histoire de nostre temps, faite en latin, par maistre Guillaume Paradin, et par luy mise en françois : depuis par luy mesme reueüe et augmentée. A Paris, par Jehan Longis et Rob le Mangnier, 1561, in-16 de 24 ff. prélim. et 882 pp., mar. vert, dos orné, milieux, dent. int., tr. dor. (Pagnant).   30 fr.

Edition non citée par Brunet, elle va de l'avénement de François 1er a 1560. — Court de marge en tête.

919. Pardoe. Les beautés du Bosphore, orné d'une suite de vues de Constantinople et de ses environs, d'après les dessins originaux de Bartlett. Londres, 1838, in-4., fig. dem. rel., tête dor. n. rog.   15 fr.

920. Paris dans sa splendeur. Monuments, vues, scènes historiques, description et histoire. Paris, Charpentier, 1861, 3 vol. in-fol. dem. rel. chag., tr. dor.   45 fr.

921. Parnasse Satyrique (Le) du sieur Théophile : avec le recueil des plus excellens vers satyriques de ce temps. Gand et Paris, Claudin, 1861, 2 vol. in-12, demi-mar. orange avec coins, tête dor., n. rog.   30 fr.

922. Pascal. Pensées sur la religion et sur quelques autres sujets. Nouvelle édition augmentée de plusieurs pensées, de sa vie et de quelques discours. Paris, Desprez, 1714, in-12, mar. olive (rel. anc.)   20 fr.

923. **Pascal**. Pensées. Tours, A. Mame fils, 1873, gr. in-8, br., portr. 30 fr.

Exemplaire sur papier vergé, n° 214.

924. **Pasquin**. Les Risées de Pasquin, ou l'Histoire de ce qui s'est passsé à Rome entre le Pape et la France dans l'ambassade de M. de Créqui ; avec autres entretiens curieux touchant les plus secrètes affaires de plusieurs cours de l'Europe. Cologne, 1674, 2 parties en 1 vol. in-12, chag. violet, fil., tr. dor.   12 fr.

93 pp. pour la première pièce et 284 pp. pour les Entretiens, plus une page qui donne la clef de cette dernière pièce, Exemplaire d'Alphonse Karr.

925. **Patavini** (H. Plazzoni). De Partibus, generationi inservientibus libri duo. Quibus omnium et singuloru organorum intrinsque sextus, ad generationem concurrentuim. Structura actiones et usus. Item Grégorii nymmani de vita fœtus in utera dissertatio. Lugduni batavorum, 1664, 3 part. en 1 vol. in-18 veau fauve, fil. 15 fr.

926. **Payer** (I.). L'expédition du Teyetthoff. Voyage de découverte aux 80e et 83° degrès de latitude Nord. Traduit de l'Allemand, de J. Gourdault. Paris, Hachette, 1878, in-8, demi-chagr. bleu, plats toile, tr. dor. 5 fr.

68 gravures sur bois et 2 cartes.

927. **Pensées** de la solitude. Avec une préface de Alex. Dumas fils. Paris, Lévy, 1891, in-12 carré, br. 2 fr. 50

928. **Perrault** (Ch.). Mémoires précédés d'une notice par Paul Lacroix. Paris, lib. des bibliophiles, 1878, in-12, demi-percal., avec coins, non rogné, pap. vergé.   3 fr.

929. **Perrier** (Charles). Etudes sur les beaux-arts en France et à l'étranger, Paris, 1863, in-8, br.   1 fr. 50

Portrait sur acier.

930. **Phaedri**. Augusti liberti fabularum æsoprarum libri quinque. Cum novo-commentario petri Burmanni. Leidæ Luchtmann, 1727, in-4, veau, fil., front.   8 fr.

931. **Philosophe** (Le) Anglois, ou histoire de Monsieur Cleveland, fils naturel de Cromwell, écrite par lui-même et traduite de l'anglois. Nouvelle édition enrichie de figures. Londres, P. Vaillant, 1777, 6 vol. in-12, veau écaille fil., tr. marb. fig.   15 fr.

Bel exemplaire.

932. **Philosophie** (La) de nos jours, s. l., 1788, pet. in-8, cart., n. rogné.   2 fr.

933. **Picard**. Le Gil Blas de la révolution ou les confessions de Laurent Giffard. Paris, 1824, 5 vol. in-12, cart, non rog.   15 fr.

5 jolies figures de Couché.

934. **Pichon** (Le Baron). Alger sous la domination française, son état présent et son avenir. Paris, 1833, in-8, demi-veau vert.   3 fr.

3 cartes.

935. **Picturesque Europe** the British Isles. London, Cassel et Company, s. d., 4 vol., in-4, perc., tr. dor.   45 fr.

Figures sur acier dans le texte et hors texte.

936. **Pièces** diverses avec quelques lettres de morale et d'amusements. Paris, Briasson, 1746, in-12, mar. olive, tr. dor. (rel. anc.).   2 fr.

937. **Pièces** pour servir à l'histoire de Saintonge et d'Aunis. Saintes, Fontanier, 1863, in-8, demi-chagrin rouge, tête dor., n. rog.   2 fr.

938. **Piépape** (L. de). Histoire de la réunion de la Franche-Comté à la France, événements diplomatiques et militaires (1279 à 1678). Paris-Champion, 2 vol. in-8.   10 fr.

939. **Pierrugues**. Glossarium eroticum linguœ latinœ, sive thogomæ legum et morum muptialim apud romanos explamatio nova. Parisiis, 1826, gr. in-8, demi-veau vert, non   20 fr.

Bel exemplaire.

940. **Pignata** (Joseph). Les aventures de Joseph Pignata, échappé des prisons de l'inquisition de Rome. Imprimé à Cologne, chez S. Marteau, 1725, in-12 veau., fil.   4 fr.

941. **Pinacotheca**. Fuggerorum S. R. I. comitum ac baronum in Khierchperg et Weissenhorn Ulmae. Apud Joan Frid Gaum. 1754, in-4, demi-rel. mar. rouge.   60 fr.

139 portraits gravés.

942. **Piot** (Eugène). Le cabinet de l'amateur et de l'antiquaire ; revue des tableaux et des estampes anciennes. des objets d'art, d'antiquité et de curiosité (par Eugène Piot). Paris, au bureau du journal, 1842-1846, 4 vol. in-8, fig. dans le texte, pl. hors texte, demi-rel. mar. grenat avec coins, tête dor. ébarbé.   150 fr.

Exemplaire ayant au tome III la planche de Meissonnier : le Fumeur.

Et de Livres anciens et modernes

943. Piqué. Florinie, ou l'illustre veuve persécutée, histoire véritable. Paris, 1645, un gros volume pet. in-8, demi-mar. lavall. av. coins, tr. dor. (Petit-Simier).   7 fr.

Ouvrage très rare — titre restauré.

944. Piron (Alexis). Poésies choisies et pièces inédits, avec une notice bio-bibliographique par H. Bonhomme. Paris, Quantin, 1879, in-8, br. port.   5 fr.

945. Plantes (Les) à feuillage coloré. Histoire, description, culture, emploi des espèces les plus remarquablés pour la décoration des parcs, jardins, serres, appartements, précédé d'une introduction par Ch. Naudin. Paris, Rothschild, 1874, 2 vol. gr. in-8, demi-chagr. rouge, plats toile, tr. dor.   28 fr.

Planches coloriées hors texte et figures dans le texte.

946. Platon. Œuvres, traduites par V. Cousin. Paris, Rey, 1846, 13 vol. in-8, demi-veau fauve avec coin.   90 fr.

Edition très-estimée. Mouillures au tome Ier.

947. Plutarque. Les vies des hommes illustres, traduites en français par Ricard. Paris, 1838, 3 vol. in-8, veau gauffré.   4 fr.

948. Pluvinel et de Charnizay. L'exercice de monter à cheval, ensemble le manège Royal. Paris, Loyson, 1660, 2 part. en 1 vol. in-8, bas.   25 fr.

Nombreuses planches.

949. Poésies de Clotilde de Vallon-Chalys, depuis Mme de Surville, publiées par Ch. Vanderbourg. Paris, 1824, 1 vol. — Poésies inédites de la même, publiées par De Roujoux et Ch. Nodier. Paris, 1827, 1 vol. — Ensemble 2 vol. in-8, demi-veau viol., dos ornés (Thouvenin).   6 fr.

front. et figures. Pastiche dans la langue poétique du XVe siècle.

950. Poésies diverses d'Antoine Rambouillet de La Sablière et de François de Maucroix, avec des notes par Walcknaer. Paris, 1825, in-8, demi rel. mar., non rogné.   5 fr.

951. Poésies du roy de Navarre (Les)(Thibault, comte de Champagne), avec des notes et un glossaire françois, précédées de l'histoire des révolutions de la langue françoise depuis Charlemagne jusqu'à saint Louis (par Levesque de la Ravallière). A Paris, chez Louis Guerin, 1742, 2 voi. pet. in-8, fig., v. fauve, tr. dor. (Rel. anc.).   30 fr.

952. Pogge. Un Vieillard doit-il se marier? dialogue de Pogge florentin traduit pour la première fois par Alcide Bonneau, texte latin en regard. Paris, Liseux, 1877, in-18 br. (papier de Hollande).   2 fr.

Cette pièce valait la peine d'être tirée de l'oubli, tant en faveur de la thèse, un paradoxe finement traité, que pour sa valeur littéraire ; elle est écrite avec cette bonne humeur, cet enjouement dont Pogge a marqué tous ses ouvrages, sans préjudice de ces qualités pittoresques qu'il recherchait parfois aux dépens de la pure Latinité.

953. Poinsinet de Sivry. La Berlue, ou nouvelles découvertes sur l'optique. A Londres, 1750, in-12, demi-veau fauve.   3 fr.

954. Polymnie, ou choix de poésies françoises recueillies par Charles Fischer. A Chemnitz, 1800, in-12, demi-rel. chag. n. r.   3 fr.

955. Porta (J.-Bapt.). Magiæ naturalis sive de miraculis rerum naturalium. Antverpriæ. Plantinus, 1560, in-8, vélin blanc à recouvrement.   7 fr.

Le titre manque.

956. Porta (Joh. Baptistæ) Neopolitani Magiæ naturalis libri viginti. Luddum Batavorum, 1651, in-12 veau, titre gravé.   4 fr.

Ouvrage de magie écrit en latin, très rare.

957. Portiez (de l'Oise). Influence du gouvernement anglais sur la Révolution française, démontrée par les discussions du Parlement d'Angleterre. Paris, an XII, in 8, demi-percaline rouge, n. rog.   4 fr.

958. Portrait d'Honoré Fragonard, dessiné et gravé par de Mare :

1er état. Eau-forte pure, épreuve sur japon. Au lieu de 35 fr.   10 fr.

1er état. Eau-forte pure, épreuve sur holl. Au lieu de 30 fr.   6 fr.

2e état. Eau-forte, le fond ombré, épreuve sur japon. Au lieu de 35 fr.   10 fr.

2e état. Eau-forte, le fond ombré, épreuve sur holl. Au lieu de 30 fr.   6 fr.

3e état. Eau-forte avant toutes lettres, pl. terminée, épreuve sur hollande, bistre. Au lieu de 25 fr.   4 fr.

3e état. Eau-forte avant toutes lettres, pl. terminée, épreuve sur hollande, noir. Au lieu de 20 fr.   3 fr.

4e état. Eau-forte avec les noms des artistes gravés à la pointe sèche, épreuve sur hollande. Au lieu de 15 fr.   2 fr.

Ce portrait a été tiré d'un cadre de 0{m}190 de haut sur 0{m}136 de large sur feuille in-folio de manière à pouvoir le mettre facilement dans l'édition des

Contes de La Fontaine, publiée par Didot. on peut le placer également dans les dessinateurs d'illustrations du xviii° siècle, par le baron Roger Portalis et dans les graveurs du xviii° siècle. par le baron Roger Portalis et H. Beraldi, en grand papier.

959. **Pot-Pourri** (Le), ou préservatif de la mel ncolie, contenant la Henriade travestie, la pipe cassée, la Roussillonnade et autres poésies diverses imitées ou traduites des poètes anciens. Paris, 1809, in-18 demi-mar. rouge, n. rog. 3 fr.

960. **Poudra** (J.). et **E. Pierre.** Traité pratique de droit parlementaire. Versailles et Paris, 1878, in-8, br. 8 fr.

961. **Pougin** (Arth.). Albert Grisar, etude artistique. Paris, Hachette, 1870, in-12, demi-veau fauve, port. 4 fr.

962. **Pougin** (Arth.). Bellini, sa vie et ses œuvres. Paris, Hachette, 1868, in-12, demi-chag. rouge, tr. jasp., couv., port. 5 fr.

Envoi autographe de l'auteur. Très rare.

963. **Poulain** (Jules). Le Dartmoor ou les deux sœurs, scènes de la vie anglaise. Paris, 1858, in-8, br. 1 fr. 50

Edition originale.

964. **Pouqueville** (C. H. L.). Voyage dans la Grèce. Paris, Didot, 1820, 5 vol. in-8, veau rac. 8 fr.

Portrait, figures et cartes.

965. **Pradel** (Georges). L'œillet bleu. Paris, Rouveyre, 1883, fort vol. in-12, br. 2 fr.

Dessins de Ch. Delort.

966. **Prévost** (Camille). Théorie pratique de l'escrime avec une préface et notice par Ern. Legouvé. Paris, de Runhoff, 1886, gr. in-8, br. 7 fr.

Dessins dans le texte et hors texte.

967. **Prjévalski.** Mongolie et pays des Tangoutes, traduit du Russe par G. Du Laurens. Paris, Hachette, 1880, in-8, demi-chag. gren., plats tr. dor. 5 fr.

12 gravures sur bois et 4 cartes.

968. **Puysieux** (Madame de). Conseils à une amie précédés d'une introduction par Spoll. Paris, Jouaust, 1882, in-12, demi-percal. av. coins, n. rogné. pap. vergé. 2 fr. 50

969. **Quérard.** Les supercheries littéraires dévoilées. Paris, Daffis, 1869, 3 vol. en 6 part., gr. in-8, br. 40 fr.

Exemplaire en grand papier vergé.

970. **Rabelais.** Œuvres avec des remarques historiques et critiques de M. Duchat. Amsterdam chez J. Fréd. Bernard, 1741, 3 vol, in-4, veau tr. rouges. 175 fr.

Portraits, culs-de-lampe de B. Picart et 12 estampes par Bourg.

971. **Rabelais.** Œuvres avec une notice et un glossaire par P. Jannet. Paris, librairie illustrée 2 vol. in-4, demi-chag. rouge, couv. 40 fr.

Illustrations de Robida.

972. **Racine.** Œuvres, avec des commentaires par M. Luneau de Boisjermain. Paris, L. Cellot, 1768, 7 vol. in-8, veau, fil., tr. dor. 50 fr.

1 portrait par Santerre, gravé par Gaucher et 12 figures de Gravelot, gravées par Duclos, Flipart, Lemire, etc.

973. **Racinet.** Le Costume historique. Paris, Didot, 1888, 20 livraisons in-fol. en cartons et 1 vol. in-fol. de texte broché 500 planches en couleur. 225 fr.

Publié à 500 fr.

974. **Raffaella** (La). Dialogue de la gentille éducation des femmes par Alessandro Piccolomini, archevêque de Patras et coadjuteur de sienne (xvi° siècle). Traduction nouvelle, texte Italien en regard par Alcide Bonneau. Paris, Isidore Liseux, in-12, broché papier de Holl. t. r. et n., tirage à 150 exemplaires numérotés. 10 fr.

La Raffaela, comme la Macette de Régnier, la Célestina de Rojas, est une entremetteuse, une vieille rouée qui emploie toutes les ruses de son métier, pour décider une jeune et jolie femme à prendre un amant. Le grand Pietro Aretino, lui-même, en ses immortels Dialogue n'a pas peint de coquine plus rusée, plus experte, plus adroite ; et que de piquants détails de mœurs, et sur la chimie mystérieuse et compliquée des Italiennes riches au xvi° siècle pour conserver toute sa fraîcheur à leur beauté. Il y a là tout un traité des parfums et des cosmétiques.

975. **Raffy** (C.). Lectures géométriques. Paris, 1866-67, 5 vol. in-12, demi-chag, vert, tr. jasp. 5 fr.

976. **Raousset-Boulbon.** Une conversion. Paris, Locard, Davi, 1855, 2 vol. in-8 br., couv. imp. 2 fr.

1re édition.

977. **Raynouard.** Choix des poésies originales des troubadours. Paris de l'imprimerie de Firmin Didot, 1816, 6 vol. in-8, demi-mar. rouge, tête dor. 200 fr.

Ouvrage très rare.

Et de Livres anciens et modernes

978. **Recueil** de 13 pièces facétieuses anciennes en prose et en vers, réimprimées par M. Guiraudet. Paris, 1830, in-8, demi-veau fauve. 30 fr.

Contenant : Discours facétieux des hommes qui font saler leurs femmes à cause qu'elles sont trop douces. — Cantique d'Et. Dollet, prisonnier à la conciergerie. — Discours joyeux pour advertir la nouvelle mariée de ce qu'elle doit faire la première nuit. — Joyeuse farce à 3 personnages d'un Curia qui trompa, par finesse, la femme d'un laboureur, etc. etc. Toutes ces pièces ont été tirées à 15 ex. seulement.

979. **Recueil** de dissertations anciennes et nouvelles, sur les apparitions, les visions et les songes, avec une préface historique, par M. l'abbé Lenglet Dufresnay. A Avignon et à Paris, chez Leloup, 1751, 3 vol. in-12, veau. 6 fr.

980. **Recueil** de prédictions intéressantes faites depuis 1733, par diverses personnes sur plusieurs événements importants. Paris, 1792, 2 vol. in-12, demi-rel. 6 fr.

Le titre du tome 1er manque.

981. **Recueil** de quelques pièces nouvelles et galantes tant en prose qu'en vers. A Utrecht, Ant. Schoutan, 1699, in-12, mar. citron tr. dor, dent. int. (Thibaron). 50 fr.

Bel exemplaire très frais. Haut 144 mil. vendu vente Behague 240 fr.

982. **Reclus** (Elisée). Nouvelle géographie universelle, la terre et les hommes. Paris, Hachette, 1876-1885, 10 vol. gr. in-8, demi-rel., chag. rouge, tr. peigné. 150 fr.

983. **Redon** (Maxime de). Chansons, Paris, 1813, pet. in-8, demi-percal. avec coins, n. rogné 2 fr.

Recueil de fort jolies chansons.

984. **Registre des ans passez** (le), puis la création du monde iusques a lannée presente Mil cinq cens XXXII (Cronica cronicarum). On les vend a Paris, en la grant salle du palais, en la bouticque de Galliot du pre, 1532. — Fin du registre des croniques et choses dignes de memoire aduenues puis la creation du monde... et fut acheue d'imprimer le VIe jour dapuril (1532), par Anthoine Couteau imprimeur pour Gaillot du pre, 2 parties en 1 vol. pet. in-4, fig. sur bois, mar. brun jans., dent. intér., tr. dor. 100 fr.

Les figures sont coloriées.

985. **Réglement** général du Roi pour le régiment, de ses gardes françoises 1691, Paris, imprimerie Royale, 1757, in-12, veau. 10 fr.

Très rare.

986. **Regnard.** Œuvres. Paris, Didot, 1819, 4 vol. in-8, demi-rel., cuir de russie, coins, tête dor, non rog. 20 fr.

987. **Regnault** (Elias). Histoire de huit ans, 1840-1848. Faisant suite de l'histoire de dix ans par M. L. Blanc, et complétant le règne de Louis-Philippe, 3e edition. Paris. Pagnerre, 1871, 3 vol. in-8, demi-chag. gren. tr. jasp. 12 fr.

988. **Regnier.** Les satyres et autres œuvres, selon la copie imprimée. A Paris, 1642, à la sphère in-12, mar. citron, fil., dos orné, dent. int., tr. dor. (Cuzin.) 90 fr.

Joli petit exemplaire aux armes de Lagondie. Haut. 119 mill.

989. **Relation** du voyage mystérieux de l'isle de la vertu. Paris, Hérissant, 1760, in-12, demi-veau, n. rog. 3 fr.

990. **Rembrandt.** L'œuvre décrit et commenté par Ch. Blanc, ouvrage comprenant la reproduction de toutes les estampes du maitre exécuté sous la direction de Firmin Delangle. Paris, Quantin, 1882, 2 vol. in-fol. et album tr. grand in-fol., cart. non rog. 225 fr.

991. **Restif** de la **Bretonne.** Le paysan perverti ou les dangers de la ville. La Haye, 1776, 4 vol. in-12, cart. non rog. 50 fr.

42 figures de Binet.

992. **Restif** de la **Bretonne.** La paysanne pervertie ou les dangers de la ville. Paris, Vve Duchesne, 1784, 4 vol. in-12, demi-rel., veau, tr. rouges. 100 fr.

38 figures de Binet.

993. **Restif-de-La-Bretonne.** Les beaux rêves : 1er. Idée d'une fête intéressante ; IIe. La Panacée. ou le Préservatif, par M. R. D. L. B. (Restif de La Bretonne). A Plutonopolis, 1774, in-12, de 50 pp. demi-rel. mar. La Vall. avec coins, dos orne, fil tr. dor. (Petit-Simier). 10 fr.

A la suite de cet ouvrage, tirage a part d'un fragment des « Nouveaux Mémoires d'un Homme de qualité », se trouve : « Contes, poeme, épithalame, Réflexions sur l'Ambigu-Comique, Vers et complets, suivi du Comte et proverbe, Il recule pour mieux sauter ou le Carosse de Voiture ». La Haye, 1774, réunion de pièces avec pagination séparée qui ne sont pas toutes de Restif. Le (Proverbe) a même un titre particulier daté de 1772. (P. Lacroix, p. 120).

994. Revue des deux mondes années 1846-1892, reliés en 262 vol. in-8, demi-veau fauve. dos orné.   800 fr.

Très bel exemplaire dans une reliure très fraîche.

995. Rittiez (F.). Histoire du gouvernement provisoire de 1848 pour faire suite à l'histoire du règne de Louis-Philippe 1er. Paris, Lacroix, 1867, 2 vol. in-8, demi-mar. bleu avec coins, tête dor., n. rog., dos orné.   10 fr.

996. Rittiez (F.). Histoire du règne de Louis-Philippe 1er, 1830-48. Paris, Lecou, 1855, 3 vol. in-8, demi mar. rouge avec coins, tête dor, n. rog., dos orné. (Petit-Simier).   15 fr.

997. Rome dans sa grandeur, vues, monuments anciens et modernes, description, histoire, institutions. Paris, Charpentier, 1870, 3 vol. in-fol., fig., demi-chag. vert, pl. toile.   70 fr.

Nombreuses lithographiés.

998. Ronsard (Pierre). OEuvres de Pierre Ronsard gentilhomme Vandosmois, prince des poëtes françois. A Paris, chez Nicolas Buon, 1617, 10 tômes en 5 vol. in-12, mar. lavall. dos orné, fil. tr. dor. (Capé). 200 fr.

999. Sade (Marquis de). Aline et Valcour ou le roman philosophique. Paris, 1793, 8 parties rel. en 3 vol. in-8, veau violet, fil. sur les plats, tr. dor.   100 fr.

16 figures non signées.

1000. Saint-Evremond. OEuvres meslées publiées sur les manuscrits de l'auteur. Londres Jacob. Tonson 1709, 3 vol. in-4, port. veau fauve, dos ornés dent. sur les plats, tr. dor.   75 fr.

Exemplaire en grand papier.

1001. Saint-Just (Mérard de) OEuvres contenant ses fables en vers. Paris, 1782, 4 vol. in-12, demi-veau, n. rog.   15 fr.

Très rare.

1002. Saint-Lambert. Les Saisons, poème. A Paris, Didot l'aîné, 1796, in-4, mar. rouge, tr. dor.   60 fr.

4 figures par Chaudet, gravées par Morel.

1003. Saint-Non. Voyage pittoresque ou description des royaumes de Naples et de Sicile. Paris, Lafosse, 1781-1786, 4 tômes en 5 vol. in-fol., pl., mar. rouge, dos ornés, dent. sur les plats, tr. dor. (rel. anc.).   550 fr.

Bel exemplaire contenant la planche des Phallus et les 14 planches des doubles médailles.

1004. Sainte-Beuve. Nouvelle galerie des femmes célèbres, tirées des causeries du lundi, des portraits littéraires. Paris, Garnier 1872, in-8, demi-rel. chag.   15 fr.

Portraits gravés au burin.

1005. Sainte-Marthe (Scérole). La manière de nourrir les enfans à la mamelle. Traduction d'un poème latin. Paris, G. de Luyne, 1698, in-8, veau.   5 fr.

1006. Sallustius. De Conivratine Catilinæ de bello Jugurthino, oratio contra M. T. Ciceronem, M. T. Ciceronis oratio contra C. Crispi Sallustium etc. Venetiis in œdibus Aldi, et Andræ Asulani soceri mense. Aprili, 1509, in-8, mar. rouge, fil. à froid, dent. int., tr. dor., marque des Alde sur les plats (Capé).   80 fr.

Ce volume à 8 ff. non chiffrés et 219 pp. chiffrées. Bel exemplaire. Très rare.

1007. Sand (George) L'Autre, comédie. Paris, M. Lévy, 1870, in-8, br.   2 fr.

1re éidtion.

1008. Satyre menippée, ou la vertu du catholicon, selon l'édition princeps de 1594. Edition nouvelle avec introduction et éclaircissements par M. Ch. Read. Paris, Jouaust 1876, in-8, mar. la Vall. foncé jans., dent. int., tête dor, n. rog., couv.   20 fr.

Portrait de Henri IV à l'eau-forte par Ad. Lalauze. L'un des 15 exemplaires numérotés sur papier de Chine.

1009. Sauval. Mémoires historiques et secrets concernant les amours des rois de France, avec quelques autres pièces. A Paris, vis-à-vis le cheval de bronze. Amsterdam, 1739, pet. in-12, mar. bleu, fil., dos orné, dent. intér., tr. dor. (Niédrée).   50 fr.

Ce volume que l'on dit avoir été arrangé par le marquis d'Argens, contient en outre : Réflexions historiques sur la mort de Henri Le Grand, le mal de Naples, son origine, ses progrès et Trésors des rois de France.

1010. Sauvigny (de). Essais historiques sur les mœurs des françois ou traduction abregée des chroniques et autres ouvrages des auteurs contemporains depuis Clovis jusqu'à Saint-Louis. Paris, Clousier, 1785-91, 6 vol. in-4, cart. n. rognés.   60 fr.

Exemplaire grand papier avec figures coloriées.

1011. Savary (Ch.). Le gouvernement constitutionnel. Etude sur les questions actuelles. Paris, 1873, in-8, demi-chag. rouge, tête jasp., n. rog.   4 fr.

1012. Saxe (Maurice Cte de). Mes rêveries, ouvrage posthume, augmenté d'une histoire abrégée de sa vie et de différentes pièces qui y ont rapport, par M. l'abbé Pérau. Paris, Desaint et Saillant, 1757, 2 vol. in-4, veau marb. fil., tr. dor.   80 fr.

> 94 planches consistant surtout en plans de bataille gravées par Moitte Tardieu et Patte. Quelques planches de costumes coloriées.

1013. Scarron. Œuvres. Nouvelle édition. Amsterdam. Wetstein, 1752, 7 tomes en 11 vol. in-12, port. fleurons, fig. par Dubourg, gravées par Folkema, mar. rouge, dos orné, fil., tr. dor. (Padeloup).   200 fr.

> Bel exemplaire dans une reliure très fraîche. Ex-libris H. Bordes.

1014. Scheffer (J.). Les Grisettes. Recueil complet de 33 planches lithographiées et coloriées. Album in-4, demi-percal.   75 fr.

1015. Schiller. Œuvres. Poésies, théâtre, œuvres historiques, mélanges, esthétiques, traduction nouvelle par Ad. Regnier. Paris, Hachette, 1859-62, 8 vol. gr. in 8, br., portrait.   70 fr.

> L'un des 100 exemplaires tirés sur grand papier vélin.

1016. Scott (Walter). Rob Roy, traduction par P. Louisy. Paris, Didot, 1881, gr. in-8, demi-chag. rouge avec coins, tête dor., n. rog., dos orné.   7 fr.

> Dessins dans le texte et hors texte.

1017. Scribe (Eug.). Œuvres complètes. Nouvelle édition comprenant tous les ouvrages composés par M. Scribe. Paris, Lebigre-Duquesne, 1854, 17 vol. gr. in-8, demi-veau rose.   40 fr.

> 181 jolies gravures en taille-douce, par Alf. et Tony Johannot, Gavarni, Staal, etc.

1018. Segoing (Charles). Trésor héraldique, ou mercure armorial, où sont démontrées toutes les choses nécessaires pour acquérir une parfaite connoissance de l'art de blazonner. Paris, 1657, in-fol., veau marb.   50 fr.

> Blasons dans le texte.

1019. Segrais. Zayde, histoire espagnole, par Monsieur de Segrais (Mademoiselle de La Fayette), avec un traité de l'origine des romans, par M. Huet. A Paris, chez Claude Barbin, 1670-71, 2 vol. pet. in-8, mar. r., dos ornés, fil., dent. int., tr. dor.   90 fr.

> Edition originale.

1019 bis. Sepet (Marius). Jeanne d'Arc.

Tours, A. Mame, 1885, gr. in-8, cart.   20 fr.

> Gravures de Méaulle.

1020. Seyssel (Claude de). La grand monarchie en France, composée par Messire Claude de Seyssel, lors évesque de Marseille..., la loi Salicque, première loy des Francoys. (Paris) par Denys Ianot, libraire et imprimeur, 1541. Pet. in-8, titre encadré et figures., mar. bleu, fleurs de lys dans le dos et aux coins du vol., fil. à froid., dent. à l'int., tr. dor. (Niédrée.)   50 fr.

> Bel exemplaire.

1021. Sifflet (le) de l'origine, 17 janvier 1872 au 27 décembre 1874, 3 années en 1 vol. in-fol., demi-bas. violette.   10 fr.

> 154 caricatures coloriées.

1022. Silvestre (Adolphe). Histoire des artistes vivants français et étrangers, études d'après nature. Paris, Blanchard, 1856, gr. in-8, demi-mar. rouge, tête dor., n. rog.   15 fr.

> 10 portraits gravés sur acier.

1023. Simon (Jules). L'affaire Nayl. Paris, C. Lévy, 1883, in-12 br. carré, papier teinté.   2 fr. 50

1024. Société d'aquarellistes français. Catalogue des 9 expositions. Paris. Jouaust, 1879-87, 9 vol. gr. in-8,   15 fr.

> Nombreuses figures d'après E. de Beaumont, G. Doré, Detaille, Leloir, Vibert, etc. Exemplaire en grand papier du Japon.

1025. Spallart (Robert de). Tableau historique des costumes, des mœurs et des usages des principaux peuples de l'antiquité et du moyen âge (trad. de l'allemand par L. de Jaubert et M. Breton). Paris, Renouard, 1804-1809, 7 vol. in-8, fig. et 2 atlas in-fol. obl., v. marb., dent., tr. jasp.   90 fr.

> Exemplaire avec les figures coloriées. Les 2 vol. d'atlas en demi-rel.

1026. Spectateur (Le) ou le Socrate moderne, où l'on voit un portrait naïf des mœurs de ce siècle (par Richard Steele, Addisson, etc.), traduit de l'anglois. A Amsterdam et à Leipzig, chez Arkstée et Merkus, 1746-50, 7 vol. in-12, port. et vignette, mar. citron, fil., tr. dor. (Rel. anc.).   75 fr.

> Bel exemplaire.

1027. Speculum vitæ alicæ. De admirabili fallacia et astutia velpeculæ Reinikes libri quatuor, nunc primùm ex idiomate germanico latinitate donati, abjectis elegantissimis iconibus,

veras omnium apologorum anima-
liumque species ad vivum adumbran-
tibus. Auctore Hartmanno Schoppero,
Novaforense Norico. Francof. ad Mœ-
num, 1574, in-12, fig., vélin estampé,
fermoirs. (Rel. anc.).   150 fr.

Cette traduction en vers latins du
Roman du Renard est ornée de jolies
figures gravées sur bois de Jost Amman
et de V. Solis.
Bel exemplaire de Yéméniz dans sa
première reliure.

1028. Spinosa. Réflexions curieuses
d'un Esprit desintéressé sur les ma-
tières les plus importantes au salut
tant public que particulier. A Cologne, chez Claude Emmanuel, 1678,
in-12, mar. vert, fil., dos orné. 20 fr.

Reliure ancienne.

1029. Staël (Mme de) Considérations sur
les principaux événemens de la Révolution françoise. 3e édition. Paris,
Delaunay, 1820, 3 vol. in-8, demi-
veau vert.   3 fr.

1030. Staël (Mme la baronne de). Co-
rinne ou l'Italie. Paris. Treuttel
Würtz, 1841, 2 vol. in-8, cart. tr. dor.
(piqûres).   15 fr.

Edition originale. Frontispice tiré à
part et nombreuses vignettes dans le
texte.

1031. Staël-Holstein. Lettres sur
l'Angleterre. Paris, Treuttel, 1825,
in-8, demi veau fauve (Simier). 2 fr.

Plans de la chambre des communes.

1032. Stavorinus. Voyage par le cap
de Bonne-Espérance à Batavia, à
Bantam et au Bengale en 1768, 1 vol.
in-8, demi-veau fauve, n. rog. (Thouvenin).   2 fr.

Trois cartes.

1033. Stern (Daniel). Mes souvenirs,
(1806-1833), 2e édition. Paris, Lévy,
1877, in-8, br.   4 fr.

1034. Stern (Laurent). OEuvres complètes. Paris, Bastien, 1803, 6 vol.
in-8, demi-veau.   20 fr.

1 portrait et 15 figures par Misbach et
Chasselot, gravées par St-Aubin.

1035. Stevenson (R. P.). L'Ile au Trésor. Traduction par André Laurie.
Paris, Hetzel, 1885, in-8, demi-chag.
viol., plats toile, tr. dor.   5 fr.

Illustrations hors texte.

1036. Stieler's (Adolf). Hand Altas.
Gotha Justus Perthes, s. d., pet. in-
fol., demi-rel. chag. pl. toile. 30 fr.

Contenant 95 cartes.

1037. Strabon. Géographie trad. du
grec en français. Paris, Imprimerie
impériale, 1805, 5 vol. in-4, demi-rel

mar. rouge avec coins, tête dor., n.
rog.   128 fr.

1037 bis. Swift. Voyages de Gulliver,
traduction nouvelle pour la jeunesse
par Gausseron. Paris, Quantin, s. d.,
in-8. cart.   16 fr.

Gravures en couleur.

1038. Tableau historique et pittoresque de Paris depuis les Gaulois jusqu'à nos jours par J. B. de Saint-Vic-
tor. Paris, Nicolle, 1808, 3 vol. in-4,
demi-rel., fig.   50 fr.

1039. Tavernier (Ad.). L'Art du duel,
preface par Aurelien Scholl. Paris,
Marpon, 1885, gr. in-8, br., couv. ill.
                              12 fr.

Figures dans le texte et hors texte

1040. Taylor-Nodier. Voyages pittoresques et romantiques dans l'ancienne France. Bretagne. Paris, Didot,
1845, 2 vol. in-fol., fig., demi-rel.,
veau.   250 fr.

1041. Thiers (A.). Histoire de la Révolution française. Paris, Furne, 1857,
10 vol. in-8, demi-chag. viol,, tête
dor., n. rog.   35 fr.

Portrait et figures.

1042 Tiphaigne de La Roche. L'A-
mour dévoilé, ou le système des
simpathistes, où l'on explique l'origine de l'amour, des inclinations,
des sympathies, des aversions, des
antiphathies, etc., s. l., 1749, in-12,
veau fauve, dos orné.   3 fr.

1043. Tissot. L'Onanisme, dissertation
sur les maladies produites par la
marturbation, 4e édition, considéra-
blement augmentée. Lausanne, 1769,
in-12, veau écaille. tr. marb.   4 fr.

1044. Tissot (P. F. Histoire de Napoléon, d'après les papiers d'état, les
documents officiels, les mémoires et
les notes secrètes de ses contemporains, suivie d'un précis sur la famille Bonaparte. Paris, Delange.
1833, 2 vol. in-8, demi-veau fauve,
                              5 fr.

Portraits et plans.

1045. Topffer. Monsieur Vieux Bois.
Genève, 1846, in-8 oblong, broché,
n. rog., couv.   25 fr.

96 planches.

1046. Topffer. Histoire de M. Crépin.
Paris, Garnier, 1861, in-8 oblong,
couv, en feuilles dans une boîte.
                              15 fr.

88 planches.

1047. Topffer. Monsieur Cryptogame.
6e édition. Paris, Garnier, s. d. (1862)

Et de Livres anciens et modernes

in 8 oblong, couv., en feuilles. 15 fr.

64 planches.

1048. Topffer. Histoire d'Albert, par Simon de Mantina. Paris. Garnier, 1861, in 8 oblong en feuilles dans une boîte couv.   10 fr.

41 planches.

1049. Touchatout. Les Trombinoscopes, collection comprenant 240 biographies illustrées de dessins de Lafosse, 4 tomes en 2 vol. gr. in-8, chag. rouge, pl. toile.   20 fr.

Envoi d'auteur à M. Lacroix.

1050. Towonson (Robert). Voyage en Hongrie, précédé d'une description de la ville de Vienne et des jardins impériaux de Schœnbrun. Paris, Dentu, 1803, 3 vol. in-8, demi-mar. rouge.   8 fr.

Figures et cartes.

1051. Traité sur la connaissance et la culture des Jacintes, par l'auteur du Traité des Renoncules, imprimé à Paris chez Lottin. A Avignon, chez L. Chambeau, 1759, pet. in-12, demi-mar. vert, tr. rouge.   3 fr.

2 planches.

1052. Traité sur la science de l'exploitation des mines par théorie et pratique, par Christophe-François Delins, traduits en français par M. Schreider. Paris, Philippe-Denis Pierres, 1778, 2 vol. in-4, mar. rouge, dos ornés, fil., tr. dor.   200 fr.

Aux armes de la Csse d'Artois.

1053. Trousset. Nouveau dictionnaire encyclopédique universel illustré, répertoire des connaissances humaines, ouvrage illustré de 3.000 fig. Paris, Girard et Boitte, 1888, 5 vol. in-4, demi-rel. chag.   65 fr.

1054. Valentia (le Vte Georges). Voyages dans l'Indoustan, à Ceylan, sur les deux côtes de la mer rouge, en Abyssinie et en Egypte, durant les années 1802 à 1806. Paris, Lepetit, 1813, 2 vol. in-8, demi-veau. n. rog.   4 fr.

1055. Valery. Voyages historiques et littéraires en Italie pendant les années 1826, 1827 et 1828, ou l'indicateur italien. Paris, Le Normant, 1831, 5 vol. in-8, demi-veau.   10 fr.

1056. Vauquelin. Les Foresteries de Jean Vauquelin sieur de la Fresnaie poète normand du XVIe siècle précédées d'une instroduction par P. Blanchemain. Caen, Le Gost Clérisse, 1869, in-12, br., couv. imp.   5 fr.

Tiré à 111 exemplaires. L'un des 100 numérotés sur papier vergé de Hollande.

1057. Vaux (baron de). Les femmes de sport, préface par Ars. Houssaye et lettre de Catulle Mendès. Paris, Marpon, 1885, in 8, br.   10 fr.

Portraits et figures.

1058. Vaux de Vire, d'Olivier Basselin et de Jean le Houx, édition revue par P. L. Jacob. Paris, 1858, in-12, demi-mar. brun, tête dor., non rogné.   4 fr.

1059. Verenfels (Samuël). OEuvres diverses concernant la religion. A Neufchatel, chez Boyve, 1749, 3 vol. in-8, cart., non rogné.   3 fr.

1060. Veuillot (Louis). Les pélerinages de Suisse. Tours, Mame, 1866, in-8, demi-chagrin vert, plats toile, tr. dor.   1 fr. 50

Jolies figures sur acier de K. Girardet.

1061. Villeneuve (Mme de). La jardinière de Vincennes. Rouen, 1788, 5 parties en 1 vol. in-12, demi-chag. rouge avec coins, tête dor., ébarbé.   5 fr.

1062. Voisenon. Contes. Paris, Liseux, 1879, in-18, br.   3 fr. 50

Ce recueil contient : « Tant mieux pour elle ». — « Le Sultan Misapouf » — « La Navette d'Amour ».

1063. Voltaire. OEuvres complètes. Paris. Sautelet, 1827, 3 vol. in-8, demi-mar. tête de nègre, tête rouge, n. rog, dos orné, port.   30 fr.

Edition microscopique. Exemplaire sur papier fin. Ces 3 volumes renferment la matière de 72 vol. in-8.

1064. Voltaire. La Henriade, poème. Edition dédiée à S. A. R. Monsieur. Paris, P. Didot l'aîné, 1819, gr. in-fol. papier vélin, mar. r., dos orné, fil., dent. int., doublé de moire verte, gardes de même, tr. dor., étui. (Capé).   70 fr.

Belle édition tirée à petit nombre. Superbe exemplaire. Portrait d'Henri IV ajouté.

Le Propriétaire-Gérant : **Th. BELIN.**

Péronne. — Typ. Eug. CRÉTY.